KB024036

칼 융이 본
프로이트와 정신분석

칼 융이 본
프로이트와 정신분석

초판 1쇄 발행   2018년 2월 15일

원제   Freud And Psychoanalysis
지은이   칼 구스타프 융
옮긴이   정명진
펴낸이   정명진
디자인   정다희
펴낸곳   도서출판 부글북스
등록번호   제300-2005-150호
등록일자   2005년 9월 2일

주소   서울시 노원구 공릉로63길 14, 101동 203호(하계동, 청구빌라)
              (139-872)
전화   02-948-7289
전자우편   00123korea@hanmail.net
ISBN   978-11-5920-079-3 03180

*잘못된 책은 구입하신 서점에서 바꾸어 드립니다.

칼 융이 본

프로이트와 정신분석

칼 구스타프 융 전집 4권 중 일부를 옮겼다. 칼 융이 지그문
트 프로이트와 서신을 교환하면서 개인적 인연을 맺던 1906
년부터(서신 교환은 1914년에 끝났다) 프로이트와 정신분
석에 대해 여러 매체에 발표한 글들이다. 따라서 융이 프로
이트의 정신분석을 거쳐 분석심리학을 확립하게 되는 계기
와 과정을 들여다볼 기회를 제공한다. 프로이트의 정신분석
과 알프레드 아들러의 개인심리학, 칼 융의 분석심리학의 차
이에 대한 설명도 흥미롭다.

　칼 융의 두드러진 관점은 심리학자들이 제시하는 심리학
은 각자의 심리를 고백하는 성격이 강하다고 본다는 점이다.
따라서 심리학자 본인의 인격이 배제된 심리학은 기본적으

로 불가능하다는 입장이다. 이런 관점을 가진 융에겐 지그문
트 프로이트의 정신분석이나 알프레드 아들러의 개인심리
학이나 똑같이 저자의 유형과 일치하는 사람들에게만 적용
되는 것으로 여겨진다.

이런 근본적인 견해 차이가 양자 관계까지 맺었던 두 사람
이 서로 결별하게 만들었고, 융은 그 후로 프로이트의 쾌락
원리와 아들러의 권력 원리는 모든 사람의 내면에 공존한다
는 식의 통합적인 관점에서 인간 정신에 접근하면서 동양 사
상은 물론이고 신화와 연금술, 종교, 문학 등의 분야로 연구
를 확장해 나갔다.

지그문트 프로이트가 1909년에 강연을 위해 방문한 미국 클라크 대학 교정에서 찍은 사진이다.
앞줄 왼쪽부터 프로이트, 클라크 대학 초대 총장 스탠리 홀, 칼 융이고 뒷줄 왼쪽부터 프로이트의 글을 영어로 많이 번역한 아브라함 브릴과 어니스트 존스, 샨도르 페렌치이다.

차례

프로이트의 히스테리 이론을
위한 옹호(1906)[*]

* <Freud's Theory of Hysteria: A Reply to Aschaffenburg>

구스타프 아샤펜부르크(Gustav Aschaffenburg)[1]가 지그문트 프로이트(Sigmund Freud)의 히스테리 이론을 매우 온건하고 조심스럽게 비판한 데 대해 대답하려 한다. 내가 이 문제에 개입하고 나서는 것은 목욕물과 함께 아기까지 버리는 일을 예방하기 위해서이다. 물론, 아샤펜부르크는 프로이트의 중요성이 히스테리 이론으로 끝난다는 식으로 주장하지 않았다. 그러나 의료계 사람들(정신과의사 포함)은 프로이트를 주로 히스테리에 관한 연구 때문에 알고 있으며, 따라서

....
1 독일 정신과의사(1866-1944)로 정신분석에 대한 공격에 앞장섰다.

프로이트에 대한 악의적인 비판은 프로이트의 다른 과학적 성취까지 쉽게 훼손시킬 수 있다. 먼저, 나는 이 대답이 아샤펜부르크 개인이 아니라 학계 전체를 향한 것이라는 점을 강조하고 싶다. 현재 아샤펜부르크가 하는 강연에 학계 전체의 견해와 소망이 담겨 있기 때문이다.

아샤펜부르크의 비판은 프로이트의 이론 중에서 성욕이 정신신경증의 형성에 하는 역할로 한정하고 있다. 그러므로 아샤펜부르크가 하는 말은 넓은 범위의 프로이트의 심리학에는, 말하자면 꿈과 농담, 그리고 감정으로 인한 일상적인 사고의 장애 등에 관한 심리학에는 영향을 미치지 않는다. 그의 비판은 오직 히스테리 증후의 결정적인 요인인 성욕의 심리학과 정신분석 방법에만 영향을 미친다. 이 분야에서 프로이트는 자신만의 노력으로 독특한 성취를 이루었다.

프로이트의 성취에 대한 반박은 프로이트의 사고 과정을 실험적으로 점검한 사람에 의해서만 제기될 수 있다. 여기서 나는 프로이트의 모든 이론에 무조건적으로 동의하지 않음에도 "성취"라는 표현을 쓰고 있다. 독창적인 문제를 제기하는 것 자체가 하나의 성취일 수 있다. 그것도 결코 작은 성취가 아닌 경우가 종종 있다. 이 성취에 대해서는 프로이트에게 아주 강하게 반대하는 사람도 이의를 제기하지 못한다.

불필요하게 말이 길어지는 것을 피하기 위해, 아샤펜부르크의 비판에 영향을 받지 않는 사항은 제외하고 비판의 영향을 받는 사항에 대해서만 논할 생각이다.

프로이트는 대부분의 정신신경증의 뿌리가 심리성적 외상이라는 것을 발견했다고 주장하고 있다. 과연 이 같은 주장이 터무니없는 것일까?

아샤펜부르크는 오늘날 일반적으로 받아들여지고 있는 견해, 즉 히스테리는 심인성 질병이라는 견해에 바탕을 두고 있다. 따라서 히스테리는 정신에 뿌리를 두고 있다는 입장이다. 여기서 정신의 한 기본적인 요소가 성욕이라는 점을 강조하는 것은 불필요할 것이다.

그런데 만족스러울 만큼 발달을 이루지 못하고 있는 현재의 경험 심리학에서 성욕의 범위와 중요성을 파악할 수 있는 길은 전혀 없다. 단지 우리는 사람이 어디서나 성욕을 만나게 된다는 사실만 알고 있다. 굶주림과 그 파생물을 제외하고, 인간의 심리에 성욕과 비슷한 중요성을 지니는 다른 정신적 요소나 기본적인 욕구가 있는가? 나는 단 한 가지도 떠올리지 못한다.

이처럼 크고 비중 있는 정신적 요소가 그에 걸맞게 감정적 갈등과 정서적 장애를 다양하게 일으키는 것은 어쩌면 너무나 당연하다. 현실 생활을 두루 둘러보아도 우리에게 이와 반대되는 방향을 가리키는 것은 하나도 없다. 따라서 프로이트가 히스테리의 원인을 주로 심리성적 갈등에서 찾는다는 점에서 보면, 프로이트의 견해가 애초부터 맞을 가능성은 아주 크다.

그렇다면 모든 히스테리를 성욕으로 환원시킬 수 있다는 프로이트의 구체적인 관점은 어떤가?

프로이트는 세상에 존재하는 모든 히스테리를 다 관찰하지 않았다. 따라서 그의 주장도 당연히 모든 경험적인 원칙에 적용되는 일반적인 한계를 피하지 못한다. 프로이트는 단지 자신이 관찰한 환자들에게서만 자신의 견해가 통한다는 것을 확인했을 뿐이다. 그런데 그가 관찰한 환자들의 숫자는 전체 히스테리 환자들의 숫자에 비하면 극소수에 불과하다. 그것만이 아니다. 프로이트가 한 번도 관찰하지 못한 히스테리 유형도 아직 많다고 보는 것이 타당하다. 마지막으로, 프로이트가 논문을 쓰는 데 바탕이 된 자료가 다소 일방적일 가능성도 있다.

그래서 우리는 프로이트의 동의를 받아 그의 단언을 이런 식으로 수정할 수 있다. 아주 많은 수의 히스테리가 성적인 뿌리에서 비롯된다고 말이다.

이 말이 사실이 아니라고 입증한 사람이 있는가? 여기서 "입증"이라는 표현은 당연히 프로이트의 정신분석 방법을 적용하는 것을 의미한다. 단순히 환자를 엄밀히 관찰한 다음에 거기서 성적인 것이 전혀 발견되지 않는다고 선언하는 것은 내가 말하는 입증이 아니다. 그런 "증거"는 애초에 아무런 가치를 지니지 못한다. 프로이트의 정신분석 방법을 적용한 결과를 바탕으로 접근하지 않는다면, 우리는 돋보기로 세균 배양을 관찰한 다음에 박테리아가 전혀 없다고 단정하는 사람의 판단까지 옳다고 인정해야 할 것이다. 논리적으로, 정신분석 방법을 적용하는 것은 필수조건이다.

전적으로 외상성인 히스테리는 성적인 것을 전혀 포함하지 않고 있으며 그 원인을 파고들면 매우 분명한 다른 정신적 외상으로 거슬러 올라간다는 아샤펜부르크의 반대는 내가 볼 때 아주 적절한 것 같다. 그러나 아샤펜부르크의 예(화분을 떨어뜨린 뒤에 일어난 실성증(失聲症) 환자)가 보여주듯이, 외상성 히스테리의 범위는 대단히 넓다. 그런 식으로 한다면, 무수히 많은 히스테리 환자들이 "외상성" 히스테리의 범주로 분류될 것이다.

가벼운 공포가 새로운 증후를 낳는 예가 얼마나 많은가! 이런 경우에 새로운 증후의 원인을 가벼운 공포에서 찾을 만큼 순진한 사람이 있다고는 아샤펜부르크도 틀림없이 믿지 않을 것이다. 이런 경우에 이 환자가 오래 전부터 히스테리 증세를 갖고 있었다고 추론하는 것이 아주 자연스럽다. 예를 들어, 총격이 있었는데 때마침 그곳을 지나던 소녀가 보행불능 상태를 보인다면, 그런 경우에 우리는 이미 오래 전에 물이 가득 채워져 있던 그릇이 넘치는 것이나 마찬가지라고 단정할 수 있다. 이를 증명하는 데는 특별히 해석하고 할 것도 없다. 따라서 이런 예와 비슷한 다른 많은 예들은 프로이트의 주장을 반박하는 증거가 절대로 될 수 없다.

육체적 외상에 따른 정신적 충격과 보험금 관련한 히스테리 환자는 이와 다르다. 정신적 충격과 돈에 대한 높은 기대가 동시에 일어나는 곳에서, 어떤 특별한 형태의 히스테리가 매우 그럴듯해 보이는 그런 감정적인 상황이 벌어진다. 이런 환자들의 경우에 프로이트의 관점이 유효하지 않을 가능성이 있다.

아직 다양한 경험이 부족한 탓에, 나는 이런 의견 쪽으로 기울고 있다. 그러나 만약에 절대적으로 공평하고 절대적으로 과학적인 입장을 견지하려고 노력한다면, 프로이트의 이론을 공격하기 전에 먼저 어떤 성적 사건이 히스테리가 일어날 길을 절대로 닦지 않았다는 점을, 말하자면 분석 과정에 성적인 것이 전혀 드러나지 않는다는 점을 보여주어야 한다. 어쨌든 외상성 히스테리에 관한 아샤펜부르크의 주장은 기껏 모든 히스테리 환자들이 성적 뿌리를 갖고 있는 것은 아니라는 점을 증명할 뿐이다. 그러나 이 같은 주장은 앞에서 수정한 프로이트의 기본적인 주장을 뒤엎지 못한다.

정신분석 방법을 이용하지 않고 다른 방법으로 프로이트의 기본적인 주장을 반박하는 것은 절대로 불가능하다. 정신분석 방법을 이용하지 않는 사람은 프로이트를 반박하고 나서지 못한다. 왜냐하면 히스테리에 성적 원인 외에 다른 원인도 발견될 수 있다거나 분석적 방법이 은밀한 정신 자료를 밝은 곳으로 드러내는 데 전적으로 부적절하다는 점을 입증하는 것은 프로이트가 찾아낸 그 방법에 의해서 입증되어야 하기 때문이다.

아샤펜부르크는 정신분석 방법으로 자신의 비판을 입증

할 수 있을까?

"실험"이니 "경험"이니 하는 말이 아주 빈번하게 들리지만, 이 비판자가 직접 정신분석 방법을 이용했다는 점을 보여주는 내용은 전혀 없다. 이보다 더 중요한 사실은 이 비판자가 정신분석 방법에 대해 확신을 품은 가운데 그것을 직접 실시했다는 내용이 전혀 보이지 않는다는 점이다. 그는 프로이트의 해석에 담긴 매우 두드러진 예들을 여럿 인용하고 있는데, 이 예들은 당연히 초심자인 비판자를 어리둥절하게 만들게 되어 있다. 이 비판자도 맥락에서 벗어난 인용의 부적절성을 지적하고 있다. 여기서 내가 심리학에선 맥락이 전부라는 식으로 강조해도 절대로 과장이 아니다. 프로이트가 제시한 해석들은 무수히 많은 경험과 추론의 결과물이다. 그 결과물을 다른 중요한 사항들을 다 벗겨낸 상태로, 말하자면 심리적 전제들을 모두 배제한 상태로 제시한다면, 그것을 이해할 수 있는 사람은 아무도 없을 것이다.

아샤펜부르크가 프로이트의 해석이 자의적이라고 말하면서 다른 해석도 가능하다고 주장하거나 논의의 대상이 된 사실들 뒤에 전혀 아무것도 없다는 식으로 단언할 때, 그는 자신의 분석을 바탕으로 프로이트의 해석과 완전히 다른 해석도 가능하다는 점을 증명하는 부담까지 당연히 져야 한다. 그렇게만 한다면 문제는 쉽게 해결될 것이고, 모두가 이 문제를 말끔히 정리해 준 그에게 감사하는 마음을 품을 것이다. "건망증"의 문제나 아샤펜부르크가 신비주의 영역으로 치부하는 다른 증후적인 행위의 문제도 마찬가지이다. 그가 신비주의 영역으로 돌리는 현상들은 현실 속에서 아주 흔하게 일어나고 있다. 누구나 거의 매일 경험할 수 있는 행위인 것이다. 따라서 이 비판자에게 실질적인 예들을 근거로 이 현상들이 다른 원인으로 돌려질 수 있다는 점을 구체적으로 보여 달라고 요구하는 것은 지나친 일이 아니다. 그에게 연상 실험도 상당히 많은 자료를 제공할 것이다. 다시 말하지만, 이런 식으로 접근할 경우에 아샤펜부르크는 건설적인 결과를 내놓게 될 것이며, 당연히 그에 따른 공로를 인정받을 것이다.

아샤펜부르크가 이런 조건들을 충족시키는 즉시, 말하자면 완전히 다른 발견을 제시하는 분석을 발표하는 즉시, 정신분석 학파는 그의 비판을 받아들일 것이며 따라서 프로이트의 이론에 대한 논의가 건전한 방향으로 재개될 수 있을 것이다. 그때까지 아샤펜부르크의 비판은 미결 상태로 어정

쩡하게 남게 될 것이다.

아샤펜부르크는 정신분석 방법이 환자와 의사의 자기암시에 지나지 않는다고 단언하고 있다.

비판가가 정신분석 방법에 관한 완벽한 지식을 보여주는 것이 책무라는 사실은 차치하더라도, 정신분석 방법이 자기암시라는 점을 뒷받침하는 증거도 없는 상태이다. 예전의 글에서 나는 나 자신이 고안한 연상 실험이 원칙적으로 정신분석과 똑같은 결과를 보여준다는 점을 이미 강조했다. 또 아샤펜부르크 자신이 비판하는 글에서 말하는 바와 같이, 나는 정신분석이 연상 실험과 전혀 다르지 않다는 점도 강조했다. 내가 연상 실험을 단 한 사람의 환자에게만 이용했다는 아샤펜부르크의 주장은 틀렸다. 나의 책들과 최근에 나온 프란츠 리클린(Franz Riklin)[2]의 책에 언급된 수많은 예에서 확인되듯이, 나는 다수의 환자를 치료하면서 분석 목적으로 연상 실험을 이용했다. 아샤펜부르크는 나의 진술과 프로이트의 진술을 언제든 확인할 수 있으며, 그렇게 함으로써 정신분석의 바탕에 대한 정확한 지식을 얻을 수 있을 것이다.

나의 연상 실험이 자기암시와 아무런 관계가 없다는 것은

....
2   스위스 정신과의사(1878-1938).

팩트들을 찾아내는 데 그 방법이 이용되고 있다는 사실에 의해서도 쉽게 확인된다. 연상 실험만 해도 이미 다소 어려운데, 이런 연상 실험에서부터 완벽한 정신분석까지의 거리는 틀림없이 아주 멀다. 그러나 아샤펜부르크 본인이 두드러진 기여를 한 연상 실험만 철저히 연구해도, 분석 과정에 매우 유용한 것으로 드러날 값진 통찰을 얻을 수 있다. (어쨌든 나의 경우에는 득을 톡톡히 보았다.) 아샤펜부르크는 힘들고 어려운 훈련 과정을 다 거친 다음에야 프로이트 이론을 검증하면서 자기암시의 증거를 찾는 작업을 시작할 수 있을 것이다. 당연히 그런 식으로 접근해야만 비판도 정당해지기 마련이다.

그러면 아샤펜부르크는 프로이트 방식의 다소 자명한 본질에 대해 보다 공감하는 통찰도 얻게 될 것이다. 또 아샤펜부르크는 미묘한 심리학적 문제들을 묘사하는 것이 대단히 어렵다는 사실도 깨닫게 될 것이다. 글로 적은 해설적 논문은 정신분석 방법의 실체를 절대로 그대로 재현하지 못한다. 어쩌면 그 근처에도 가지 못한다. 그런 상황에 독자에게 설득력을 발휘할 정도로 정신분석을 글로 재현하는 것은 불가능하다는 말은 굳이 할 필요도 없다.

프로이트의 글을 처음 읽었을 때 나 또한 다른 사람들과 똑같은 경험을 했다. 책 곳곳에 물음표만 잔뜩 표시하는 데서 그쳤을 뿐이다. 나의 연상 실험에 대한 설명을 처음 읽는 사람도 마찬가지이다. 그러나 다행하게도 연상 실험을 직접 해 보기를 원하는 사람은 누구나 그때까지 믿지 않았던 것을 직접 경험할 수 있게 된다. 그러나 불행하게도 정신분석에는 이 말이 적용되지 않는다. 왜냐하면 정신분석을 제대로 하려면 전문적인 지식을 갖추는 것은 물론이고 정신에 접근하는 구체적인 절차까지 잘 알아야 하기 때문이다. 전문적인 지식과 구체적인 절차를 모두가 다 알고 있을 수는 없다. 그럼에도 누구든 노력만 하면 어느 정도 배울 수는 있다.

아샤펜부르크가 이런 실질적인 경험을 했는지 여부를 모르는 이상, 자기암시라는 비판을 진지하게 받아들일 수 없다. 마찬가지로, 프로이트의 해석이 자의적이라는 비판도 진지하게 받아들이지 못한다.

아샤펜부르크는 환자를 놓고 성적 원인을 찾으려 드는 것 자체가 많은 경우에 비도덕적이라고 여기고 있다.

이것은 매우 미묘한 문제이다. 왜냐하면 도덕과 과학을 연결시킬 때마다, 믿음과 믿음이 서로 충돌하는 일이 벌어지기 때문이다. 만약에 이 문제를 단순히 공리주의적인 관점에서만 본다면, 우리는 스스로에게 성적 계몽이 상황마다 해로운지 아닌지를 물어야 한다. 이 문제에 대해서는 일반적인 관점에서 대답하는 것이 불가능하다. 왜냐하면 찬성하는 입장을 갖게 만드는 예도 반대하는 입장을 갖게 하는 예만큼 많이 제시될 수 있기 때문이다. 모든 것은 오직 개인에게 달려 있다. 많은 사람이 어떤 진리를 견뎌낼 수 있는 반면에, 그 진리를 견뎌내지 못하는 사람도 많다.

노련한 심리학자는 틀림없이 이 같은 사실을 고려할 것이다. 여기서는 엄격한 공식이면 어떤 것이든 특히 잘못되어 있다. 성적 계몽에 의해서도 전혀 아무런 해를 입지 않는 환자들이 많다는 사실과 별도로, 환자 중에 이 주제 쪽으로 끌려가기는커녕 분석을 이 쪽으로 이끄는 환자도 상당수 있다.

마지막으로, 자신의 성적 상황이 철저한 검사의 대상이 될 때까지 어느 쪽으로도 한 발짝도 나아가지 못하는 예도 있다(나도 한 번 이상 이런 환자를 경험했다). 내가 아는 환자들의 경우에 이런 식의 접근이 매우 훌륭한 결과를 낳았다. 따라서 나의 의견엔 성적인 문제에 대한 논의가 전혀 해를 끼치지 않을 뿐만 아니라 긍정적으로 도움이 되는 환자들이 틀림없이 많은 것 같다. 거꾸로 나는 성적 계몽이 득보다 해를 더 많이 끼치는 환자도 있다는 점을 인정하는 데 조금도 망설이지 않는다.

환자가 어느 예에 속하는지를 파악하는 것은 전적으로 분석가의 기술로 넘겨야 한다. 이런 식으로만 접근한다면 도덕적인 문제는 피할 수 있다고 나는 생각한다. "보다 높은" 도덕적 고려는 도식적인 방법에서 너무나 쉽게 비롯되는 것 같다. 바로 이런 이유 때문에 진료에 도식적인 방법을 적용하는 것은 처음부터 부적절하다고 할 수 있다.

정신분석의 치료 효과에 관한 한, 치료 결과가 어떻게 나오는가 하는 문제는 히스테리 이론의 과학적 타당성이나 분석 방법의 과학적 타당성과 아무런 관계가 없다. 현재 나의 개인적 확신은 프로이트의 정신분석은 몇 가지 가능한 치료 방법 중 하나이며, 일부 환자들의 경우에 정신분석이 다른 방법보다 더 큰 효과를 거둔다는 쪽이다.

정신분석의 과학적 발견에 대해 말하자면, 누구도 무모해 보인다는 이유로 미움을 받아서는 안 된다는 점을 강조하고 싶다. 특히 선정적으로 인용되고 있다는 사실 때문에 무시당하는 일은 더더욱 일어나서는 안 된다. 프로이트도 아마 많은 인간적 실수를 저지를 수 있지만, 그 같은 사실이 조악한 껍데기 안에 진리가 숨어 있을 가능성까지 배제해서는 안 된다. 프로이트의 이론 안에 우리가 현재 수준에서 적절히 이해하지 못하는 그런 의미가 들어 있을 수 있다. 위대한 진리 중에서 처음에 괴상해 보이지 않았던 것은 거의 없다. 케플러(Johannes Kepler)와 뉴턴(Isaac Newton)에 대해서만 생각해봐도 그런 현상을 충분히 이해할 수 있지 않는가.

결론으로, 나는 슈필마이어(Walther Spielmeyer)[3]의 견해에 대해 엄중히 경고하고 싶다. 어떤 사람이 직접 검증조차 하지 않은 상태에서 실험적 바탕을 가진 이론에 대해서뿐만 아니라 그 이론을 직접 테스트하는 노고를 들인 사람을 비과학적이라고 공격할 때, 과학적 연구의 자유가 위태로워질 수 있다. 프로이트가 실수를 저질렀는지 여부와 상관없이, 프로이트는 과학의 공개 토론회에서 자신의 이론을 발표할 권리를 갖는다. 정의(正義)는 프로이트의 진술에 대해 검증할 것을 요구한다. 그러나 프로이트의 진술을 두들겨 패서 죽인 다음에 망각의 늪으로 흘려보내려 드는 행동은 공정하고 객관적인 과학자의 존엄에 절대로 어울리지 않는다.
....
3 독일 신경학자(1879-1935).

요약하면 이렇다.

1) 프로이트의 히스테리 이론이 모든 환자들에게 통하지 않는다는 점이 절대로 입증되지 않았다.

2) 논리적으로, 이런 증거는 어디까지나 정신분석 방법을 치료에 적용하고 있는 사람에 의해서만 제시될 수 있다.

3) 정신분석이 프로이트가 확보한 것과 다른 결과를 제시한다는 것이 증명되지 않았다.

4) 정신분석이 엉터리 원리에 근거하고 있기 때문에 히스테리 증후들을 이해하는 데 전적으로 부적절하다는 점이 증명되지 않았다.

2장

프로이트의
히스테리 이론(1908)*

* <The Freudian Theory of Hysteria>

저자 본인이 최종적으로 공식화하지 않은 이론에 대해 논하는 것은 언제나 어렵기도 하고 보람을 느끼기 힘든 과제이기도 하다. 프로이트는 히스테리에 관한 이론을 최종적으로 발표한 적이 한 번도 없었다. 그는 단지 당시의 경험에 맞춰서 이론적 결론을 수시로 다듬으려고 노력했다. 그렇기 때문에 프로이트의 이론적인 공식은 모든 점에서 경험과 일치하는 작업가설로 볼 수 있다. 따라서 당분간은 명확히 확립된 프로이트의 신경증 이론에 대한 논의는 있을 수 없으며 오직 공통적인 어떤 특징을 가진 수많은 경험에 대한 논의만 가능할 뿐이다. 우리는 마무리되고 확정된 무엇인가를 다루는 것이 아니라 아직 발달 중인 어떤 과정을 다루고 있다. 그렇기 때문에 프로이트의 가르침을 설명하는 방법으로 가장 적합한 것은 아마 그 가르침의 역사를 조사하는 방법일 것이다.

프로이트가 진료를 하면서 기준으로 삼는 이론적 전제는 피에르 자네(Pierre Janet)[4]의 실험에서 발견될 것이다. 브로이어(Josef Breuer)[5]와 프로이트는 히스테리 문제를 처음으로 규명하는 작업을 벌이면서 정신 분열과 무의식적으로 일어나는 정신의 자동증을 출발점으로 삼고 있다. 또 다른 이론적 전제는 특히 빈스방거(Ludwig Binswanger)[6]가 강조한, 감정의 병인학적(病因學的) 중요성이다. 이 두 가지 전제가 암시 이론이 이룬 발견들의 도움을 받으며 오늘날 널리 받아들여지고 있는 견해, 즉 히스테리는 하나의 심인성 신경증이라는 견해를 낳게 되었다.

프로이트의 연구 목적은 히스테리 증후들을 낳는 메커니즘이 어떤 식으로 작동하는지를 밝히는 것이다. 그러므로 프

....
4 프랑스 심리학자이자 정신과의사(1859-1947).
5 오스트리아 의사(1842-1925)로 신경생리학 분야에서 중요한 발견을 많이 이뤘다.
6 스위스 정신과의사(1881-1966).

로이트의 노력은 최초의 원인과 최종적 증후 사이의 긴 체인 중에서 잃어버린 연결 고리를 찾으려는 시도나 다름없다. 지금까지 어느 누구도 이 연결 고리를 발견하지 못했다. 주의 깊게 관찰하는 사람 누구에게나 분명하게 드러나는 사실, 즉 감정이 히스테리 증후의 형성에 병인학적으로 결정적인 역할을 한다는 사실은 브로이어와 프로이트가 1893년에 처음으로 공동 발표한 보고서의 발견들을 즉시 이해할 수 있도록 만든다. 이는 두 저자가 제기한 주장, 다시 말해 히스테리 환자는 대부분 기억, 즉 감정의 흔적이 뚜렷한 콤플렉스 때문에 힘들어 한다는 주장에 특별히 더 맞는 말이다. 이 콤플렉스가 일부 예외적인 상황에서 원래의 감정이 스스로 해소되는 것을 방해하고, 결과적으로 이 감정이 사라지는 것을 막게 된다.

처음에 대략적으로 제시되었던 이 견해는 1880년부터 1882년까지 대단히 지적인 여자 히스테리 환자를 관찰하며 치료할 기회를 가졌던 브로이어의 견해였다. 임상학적 그림은 주로 의식의 심각한 분열이 특징이었다. 또 부차적인 중요성을 지니는 육체적 증후들이 나타나는 것도 특징이었다. 이 증후들은 꽤 지속성을 보였다.

브로이어는 환자를 면밀히 추적하면서 이 여자 환자가 몽롱 상태에 빠질 때 그 전 해에 시작된 옛날의 콤플렉스들이 재현되는 것을 관찰했다. 이런 몽롱 상태에서 여자 환자는 자신에게 심리적 외상을 남길 만큼 중요했던 에피소드들을 많이 떠올렸다. 그러는 가운데 브로이어는 이런 에피소드들을 되살리며 다시 이야기하게 하는 것이 두드러진 치료 효과를 낳는다는 것을 확인했다. 이 여자 환자가 위로를 얻고 상태가 호전되었던 것이다.

그러다가 브로이어가 치료를 중단하면, 얼마 지나지 않아서 다시 상태가 크게 악화되었다. 그래서 치료 효과를 강화하기 위해 브로이어는 자연적인 몽롱 상태 외에 암시를 통해 인위적으로 몽롱 상태를 끌어내기도 했다. 이런 인위적인 상태에서 더 많은 자료가 "정화"되었다. 이런 식으로 브로이어는 실질적인 향상을 이루는 데 성공했다.

그 즉시 프로이트는 이런 관찰들이 엄청난 중요성을 지닌다는 점을 간파하면서 이 관찰과 일치하는 자신의 관찰을 다수 제시했다. 이 자료는 브로이어와 프로이트가 1895년에 발표한 『히스테리 연구』(Studies on Hysteria)에서 발견된다.

이 같은 토대 위에 독창적인 이론적 건물이 올려졌다. 두 저자가 합동으로 세운 건물이었다. 브로이어와 프로이트는 정상적인 개인들의 내면에서 감정들의 전반적 상황이 어떤지를 살피는 것으로 시작했다. 감정에 의해 일어난 흥분은 신체에서 일련의 신경지배[7]로 전환되고, 따라서 흥분이 소진되고 "신경중추의 긴장"이 복구된다. 이런 식으로 감정이 "제거"된다.

히스테리의 경우는 다르다. 히스테리의 경우엔 외상성 경험 뒤에, 오펜하임(Hermann Oppenheim)[8]의 표현을 빌리면, "감정적 충동이 비정상적으로 표현되는 현상"이 따랐다.

대뇌 내의 흥분이 자연적인 방식으로 직접적으로 방전되지 않고 병적 증후들을 낳는다. 이때 증후는 새로운 것일 수도 있고 옛날의 것이 재발하는 것일 수도 있다. 흥분은 비정상적인 신경지배로 전환되는데, 이 현상을 저자들은 '흥분 총합의 전환'(conversion of the sum of excitation)이라 부른다. 그러면 감정은 정상적으로 표현할 길을 박탈당함에 따라 적절한 신경지배를 통해 정상적으로 배출될 길을 잃는다. 감정은 제거되지 못하고 "봉쇄된 채" 남는다. 따라서 이에 따

....
7 동물의 특정 부위가 신경의 지배를 받는 것을 말한다.
8 독일 신경학자(1858-1919).

른 히스테리 증후들은 정체된 감정을 표현하는 것으로 여겨
질 수 있다.

이 같은 내용은 우리가 환자의 내면에서 보는 상황을 그대
로 그리고 있다. 그러나 왜 감정이 봉쇄당하고 증후로 바뀌
어야 하는가 하는 중요한 질문에 대한 대답은 아직 나오지
않고 있다. 프로이트가 특별히 관심을 쏟은 것이 바로 이 질
문이었다. 1894년에 발표된 논문 '방어의 신경정신증'(The
Defence Neuro-psychoses)에서, 프로이트는 감정의 심리
학적 영향을 세세하게 분석하려고 노력했다.

그는 두 가지 집단의 심인성 신경증을 발견했다. 두 집단
사이에 원칙적으로 서로 다른 점은 한 집단의 경우엔 병을
일으키는 감정이 신체의 신경지배로 전환되는 반면에, 다른
집단의 경우엔 병을 일으키는 감정이 다른 콤플렉스로 대체
된다는 점이었다. 첫 번째 집단은 전형적인 히스테리에 해당
하고, 두 번째 집단은 강박 신경증에 해당한다.

프로이트는 감정 봉쇄나 감정 전환 또는 치환이 일어나는
이유가 외상성 콤플렉스가 의식의 정상적인 내용물과 양립
할 수 없기 때문이라는 것을 발견했다. 여러 환자들의 실례
를 통해서, 프로이트는 이 양립 불가능성이 환자의 의식에도

적용되며, 따라서 양립 불가능한 내용물이 억압된다는 점을 보여주는 직접적인 증거를 제시할 수 있었다. 환자는 양립 불가능한 내용물에 대해 알고 싶어 하지 않아 했으며, 그래서 결정적인 콤플렉스를 "아직 도착하지 않은 것"으로 여겼다. 그 결과 나타나는 것이 취약한 지점을 체계적으로 우회하거나 "억압하는" 것이었다. 따라서 감정은 정화될 수 없게 되었다.

그러므로 감정의 봉쇄는 파악이 제대로 되지 않는 "특별한 성향" 때문에 일어나는 것이 아니라 충분히 인식 가능한 동기 때문에 일어난다.

지금까지 말한 내용을 요약 정리하면 이렇다. 1895년까지, 브로이어와 프로이트의 조사는 다음과 같은 결과들을 내놓았다. 심인성 증후는 감정이 실린 콤플렉스에서 생겨나는데, 이 콤플렉스는 다음 두 가지 이유 중 하나로 외상과 같은 효과를 발휘하게 된다.

1. 흥분이 신체의 비정상적인 신경지배로 전환된다.
2. 감정이 다소 중요성이 떨어지는 콤플렉스로 대체된다.

외상성 감정이 정상적인 길로 해소되지 않고 계속 남는 이유는 그 감정의 내용물이 인격의 나머지와 양립하지 못해서 억압되어야 하기 때문이다.

　외상성 감정의 내용물이 프로이트에게 추가 연구의 주제를 제공했다. 『히스테리 연구』와 특히 '방어의 신경정신증'에서, 프로이트는 이미 원래의 감정의 성적 본질에 대해 지적했다. 반면, 브로이어가 보고한 첫 사례는 성적 요소를 놀라운 방식으로 피하고 있다. 이 사례의 전체 병력(病歷)을 보면, 성적 암시를 많이 담고 있을 뿐만 아니라 전문가의 눈에도 환자의 성욕을 고려해야만 이해가 되고 일관성이 확보되는데도 말이다.

　프로이트는 면밀히 분석한 13건의 실례를 근거로, 히스테리의 특별한 병인은 초기 어린 시절의 성적 외상에서 발견되며 이 외상은 "생식기의 진짜 자극"과 관계있는 것이 틀림없다고 느꼈다. 이 외상은 처음에는 단지 예비적으로만 작동하고, 사춘기에 이르러 본격 효과를 발휘한다. 이 시기에 이르면 옛날의 기억 흔적이 이제 막 생겨나는 성적 감정에 의해 활성화된다. 따라서 프로이트는 특별한 어떤 성향을 뜻하는 모호한 개념을 사춘기 이전 시기에 일어난 꽤 명확하고 구체적인 사건들로 분해하려고 노력했다. 당시에 프로이트는 초기의 '타고난' 성향에 큰 의미를 부여하지 않았다.

　브로이어와 프로이트의 『히스테리 연구』가 어느 정도의

인정을 누린 반면(라이만(Emil Raimann)[9]의 확인에도 불구
하고 이 연구는 아직 과학의 공동 재산이 되지 못하고 있었
다), 프로이트의 이 이론은 전반적인 반대에 봉착했다. 어린
시절에 성적으로 충격적인 사건이 일어나는 빈도에 의문이
제기되어서 그런 것이 아니었다. 그보다는 그런 성적 외상
이 정상적인 아이들에게도 병적 의미를 지닌다는 점 때문이
었다. 프로이트가 아무것도 없는 무(無)에서 이 같은 관점을
끌어냈을 리는 만무하다. 그는 단지 분석 동안에 있었던 경
험을 공식화했을 뿐이다.

　우선, 프로이트는 환자들이 유아기를 떠올리는 회상에서
성적 장면을 말해주는 기억의 흔적들을 발견했다. 그런데 이
기억 흔적들이 실제로 일어난 일과 꽤 분명하게 연결되었다.
더 나아가, 프로이트는 성적 외상이 어린 시절에는 특별한
효과를 발휘하지 않고 조용히 있지만 사춘기 이후에 히스테
리 증후의 결정적 요인이 된다는 점을 발견했다. 따라서 프
로이트는 그 외상이 진짜라는 점을 인정하지 않을 수 없었
다. 나의 개인적 의견을 밝히자면, 프로이트가 그렇게 인정
한 이유는 당시에 그가 히스테리 환자는 "기억 때문에 고통

9　오스트리아 정신과의사(1872-1949).

을 받는다"는 원래의 관점의 영향에서 벗어나지 못하고 있었기 때문이었던 것 같다. 말하자면, 이 영향 때문에 프로이트가 증후의 원인과 동기를 과거에서 찾아야 한다고 판단했다는 뜻이다. 병인을 그런 식으로 보는 관점은 틀림없이 반대를, 특히 히스테리를 다룬 경험이 있는 사람들 사이에서 반대를 불러일으키게 되어 있었다. 왜냐하면 의사들이 히스테리성 신경증의 동인을 과거가 아니라 현재에서 찾는 데 익숙하기 때문이다.

1896년에 이론적 관점을 이런 식으로 공식화한 것은 프로이트에게 하나의 과도적 단계에 지나지 않았다. 그는 그 후에 그 견해를 포기했다. 히스테리에서 성적 요인을 발견한 것이 성 심리학 분야 전반에 걸쳐 연구에 불을 지르는 출발점이 되었다. 마찬가지로, 연상 과정을 결정하는 요소를 밝히는 문제는 그가 꿈 심리학 분야로 파고들도록 만들었다.

1900년에 프로이트는 꿈에 관한 결정적인 책을 출간했다. 그의 관점과 기법의 발달에 대단히 중요한 책이다. 프로이트의 꿈 해석 방법을 완벽하게 알지 못하는 사람은 그가 최근에 발달시킨 개념들을 이해하지 못할 것이다. 『꿈의 해석』

(The Interpretation of Dreams)은 프로이트 이론의 원리들을 확립함과 동시에 그 기법까지 확립했다. 프로이트의 현재 관점을 이해하고 그의 결과물을 검증하기 위해선, 프로이트의 기법에 대한 지식을 갖추는 것이 반드시 필요하다. 이 같은 사실 때문에 여기서 정신분석의 본질에 대해 보다 깊이 들어가지 않을 수 없다.

독창적인 이 카타르시스 방법은 증후에서 시작해서 증후의 바탕에서 작용하고 있는 외상성 감정을 발견하려 노력했다. 그런 식으로 찾아낸 감정을 의식으로 끌어올린 다음에 정상적인 방식으로 정화시켰다. 말하자면, 이 감정에서 외상이 지니는 힘을 빼버리는 것이었다. 이 방법은 어느 정도 암시에 의존했다. 분석가가 주도권을 잡는 반면, 환자는 기본적으로 수동적인 태도를 취했다. 그러나 이런 불편과 별도로, 진짜 외상이 전혀 발견되지 않는 예도 점점 더 많이 나타났다. 이런 환자들의 경우엔 감정적 갈등이 전적으로 병적인 공상 활동에서 비롯되는 것 같았다. 카타르시스 방법은 이런 환자들에게 통할 수 없었다.

프로이트가 1904년에 한 진술에 따르면, 초창기 이후로 정신분석 방법에 변화가 많았다. 지금은 모든 암시는 버려지고 있다. 환자들은 더 이상 분석가의 안내를 따르지 않는다. 환자들의 연상에 자유가 최대한 주어지고 있다. 이젠 분석을 주도하는 사람은 그야말로 환자이다. 프로이트는 환자의 연상을 기록하고 이따금 연상에서 나오는 연결을 지적해 주는 것으로 만족하고 있다. 어떤 해석이 틀렸다면, 분석가가 그 해석을 환자에게 강요하는 것은 불가능하다. 해석이 옳다면, 그 결과는 즉시 눈에 드러나며 환자의 전체 행동에 매우 분명하게 나타난다.

현재 프로이트가 채택하고 있는 정신분석 방법은 원래의 카타르시스 방법보다 훨씬 더 복잡하고 훨씬 더 깊이 파고들고 있다. 그 목적은 콤플렉스에 의해 생겨난 온갖 잘못된 연상적 연결을 의식으로 끌어올리고, 그렇게 함으로써 그 연결들을 해소시키는 것이다. 따라서 환자는 점진적으로 자신의 병에 대해 완전한 통찰을 얻고 또 자신의 콤플렉스를 보다 객관적으로 보는 관점을 확보하게 된다. 이 방법은 교육적인 방법이라 불릴 만하다. 왜냐하면 그것이 환자의 전체 사고와 감정을 변화시켜 환자의 인격이 콤플렉스의 충동으로부터 자유로울 수 있도록 함으로써 환자가 콤플렉스에 독립적인 태도를 취하도록 하기 때문이다. 이 점에서 보면, 프로이트의 새로운 방법은 뒤부아(Paul Dubois)[10]의 교육적인 방법을 많이 닮았다. 뒤부아의 방법이 누구도 부정하지 못할 성공을 거둔 것은 주로 콤플렉스를 대하는 환자의 태도를 변화시켰기 때문이다.

정신분석 방법의 이론적 토대는 이 방법이 전적으로 경험적 치료 행위에서 나온 것이기 때문에 여전히 매우 불명료하다. 정신분석의 이론적 어려움들이 전부 극복되지는 않았지만, 나는 연상 실험을 통해서 적어도 몇 가지 중요 사항을 실험적으로 검증했다고 생각한다. 내가 볼 때 정신분석이 안고 있는 중대한 어려움은 바로 이것인 것 같다. 정신분석이 전제하듯이, 만약 자유 연상이 콤플렉스로 이어진다면, 프로이트는 논리적으로 이 콤플렉스가 출발점, 즉 최초의 생각과 연결되어 있다고 가정한다. 이 같은 가정에 맞서, 연상을 통해 오이와 코끼리를 연결시키는 것도 그다지 어렵지 않을 수 있다는 반론이 제기될 수 있다.

그러나 이런 식의 주장은 두 가지 사항을 잊고 있다. 첫째, 분석에서는 오직 출발점만 주어지고 목적은 주어지지 않는다는 점이 망각되고 있다. 둘째, 연상을 할 때의 의식 상태는
....
10 스위스 신경병리학자(1848-1918).

방향이 정해진 사고의 상태가 아니고 주의(注意)를 놓은 상태라는 점이 간과되고 있다. 이 대목에서 또 다음과 같은 반대가 제기될 수 있을 것 같다. 콤플렉스는 자유 연상이 표적으로 잡고 있는 하나의 점(點)인데, 이 콤플렉스가 독립적인 감정 톤 때문에 재현하는 경향이 강하고 따라서 콤플렉스가 자발적으로 "일어나는데도" 마치 우연히 출발점과 연결되는 것처럼 보일 수 있다고 말이다.

이론적으로 보면 이 같은 반대도 충분히 가능하다. 그러나 실제로 보면 사정은 대체로 달라진다. 사실 콤플렉스는 자유롭게 "일어나는" 것이 아니라 대단히 강력한 저항에 의해 봉쇄된다. 그 대신에 종종 "일어나는" 것은 첫눈에 이해가 꽤 어려운 중간 연상들처럼 보인다. 이 연상들을 어쨌든 분석가나 환자는 콤플렉스에 속하는 것으로 인식하지 않는다. 그러나 콤플렉스로 이어지는 체인이 충분히 확인되기만 하면, 각각의 고리의 의미가 종종 아주 놀라운 방향으로 분명하게 드러난다. 그러면 특별한 해석 작업이 전혀 필요하지 않은 경우도 더러 있다. 분석을 아주 많이 경험한 사람은 이런 조건에서는 아무것이나 재현되는 것이 아니라 언제나 콤플렉스와 관계있는 것이 재현된다고 자신 있게 말할 수 있다. 그 관계가 인과적으로 언제나 명확하게 드러나지 않더라도 그런 자신감이 생기게 되는 것이다.

이런 연상의 고리에서도 우연은 철저히 배제된다는 점을 명심해야 한다. 그렇기 때문에 만약에 의도하지 않은 연상들의 사슬에서 어떤 연상적 연결이 발견된다면, 다시 말해 우리가 발견한 콤플렉스가 원래의 생각과 연상적으로 연결되어 있다면, 그런 경우에 이 연결은 처음부터 존재했다고 보면 된다. 바꿔 말하면, 우리가 출발점으로 잡고 있는 생각이 이미 콤플렉스와 연결되어 있었다는 뜻이다. 따라서 최초의 생각을 콤플렉스의 신호나 상징으로 보는 것도 타당하다.

이 같은 관점은 주어진 어느 시점의 심리적 상황은 그보다 앞서 일어난 모든 심리적 사건들의 결과에 지나지 않는다는, 너무나 잘 알려진 심리학 이론과 일치한다. 이 심리적 사건들 중에서 가장 두드러진 것은 감정적 경험, 즉 콤플렉스이다. 콤플렉스는 감정적 경험이기 때문에 잡아끄는 힘이 대단히 강하다.

당신이 현재의 심리 중 어느 한 부분이라도 손에 넣을 수 있다면, 논리적으로 거기엔 그 앞에 있었던 개인적 사건들이 모두 담겨 있을 것이며, 감정적인 경험이 현실성의 정도에 따라 맨 앞쪽을 차지할 것이다. 이는 정신의 모든 조각에 두루 통하는 말이다. 따라서 모든 조각을 바탕으로 연결들을 재구성하는 것도 이론적으로 가능해진다. 이것이 프로이트의 방법이 추구하고 있는 바로 그것이다. 이 작업이 이뤄지는 동안에, 당신이 어쩌다 당신에게 가장 가까이 놓여 있는 감정적 집합체를 건드릴 수 있다. 그것도 단 하나의 집합체가 아니라 다수의 집합체를, 아니 아주 많은 집합체를 건드릴 수 있다. 프로이트는 이 같은 사실을 '과잉결정'(over-determination)이라고 불렀다.

따라서 정신분석은 기존에 알려진 심리학적 사실들의 테두리 안에 있다. 그 방법은 적용하기가 대단히 어렵긴 하지만 어디까지나 배울 수 있는 것이다. 뢰벤펠트(Leopold Löwenfeld)[11]가 적절히 강조하듯이, 정신분석을 자신 있게 다룰 수 있으려면 몇 년 간의 치열한 실천이 필요하다. 그렇기 때문에 프로이트의 발견에 대해 성급하게 비판하려는 태도는 자제되어야 한다. 또 정신분석 방법이 정신병원에서 집단적인 치료 방법으로 이용되는 것도 막아야 한다.

프로이트는 정신분석 방법을 무엇보다 먼저 꿈에 관한 연

....
11 독일 의사(1847-1923)로 성병리학의 개척자로 여겨진다.

구에 적용하면서 그 방법을 완벽하게 다듬어나갔다. 꿈을 연구하는 과정에, 신경증의 형성에 대단히 중요한 역할을 하는 온갖 놀라운 연상적 연결이 발견되었던 것 같다. 프로이트가 이룬 가장 중요한 발견으로 나는 감정이 실린 콤플렉스가 꿈과 꿈의 상징적 표현에서 하는 중요한 역할을 꼽고 싶다.

프로이트는 우리의 사고의 가장 중요한 구성 요소인 언어적 표현에 대단한 중요성을 부여했다. 이유는 단어들의 이중적 의미가 감정들의 치환을 가능하게 하고 또 부적절한 표현을 적절히 표현할 경로가 되어주기 때문이다. 내가 이 점에 대해 특별히 언급하는 이유가 있다. 그것이 신경증의 심리학에 근본적으로 중요하기 때문이다. 정상적인 사람들에게도 일상적으로 일어나는 이런 문제들을 잘 아는 사람들에겐 '히스테리 분석의 단편'(Fragment of an Analysis of a Case of Hysteria)에 소개된 해석들은 이상하게 들릴지라도 뜻밖의 것은 전혀 아니며 일반적인 경험과 잘 맞아떨어지는 것으로 다가올 것이다. 애석하게도 나는 프로이트의 발견에 대해 세세하게 설명하는 것을 자제하고 몇 가지 힌트를 제시하는 것으로 만족해야 한다. 프로이트가 현재 히스테리성 질병들에 대해 품고 있는 견해를 이해하기 위해선 이런 최근의 연구들을 반드시 읽어야 한다. 나 자신의 경험에 비춰 판단한다면, 『꿈의 해석』에 대한 완벽한 지식을 갖추지 않은 상태에서 『성욕 이론에 관한 세 편의 에세이』(Three Essays on the Theory of Sexuality)나 '히스테리 분석의 단편'의 의미를 이해하는 것은 불가능한 일이다.

내가 말하는 "완벽한 지식"은 많은 저자들이 이 책에 가한 싸구려 언어학적 비판을 의미하지 않는다. 그보다는 프로이트의 원리들을 정신 과정에 인내심 있게 적용하는 것을 의미한다. 바로 여기에 전체 문제의 핵심이 자리 잡고 있다. 토론이 오로지 이론적 바탕에서 이뤄지는 한, 공격이나 방어나 똑같이 문제의 본질을 벗어나 있긴 마찬가지이다. 현시점에서 프로이트의 발견들은 아직 일반적인 이론으로 다듬어지지 않는다.

현재 유일한 물음은 이것이다. 프로이트가 주장하는 연상적 연결이 존재하는가 아니면 존재하지 않는가? 경솔한 단언이나 부정으로는 아무것도 성취하지 못한다. 프로이트가 제시한 원칙들을 조심스럽게 준수하면서, 편견을 갖지 않은 상태에서 사실들을 볼 수 있어야 한다. 성욕이라는 요소 때문에 정신분석을 기피하려 들어서는 안 된다. 당신이 접하는 다른 많은 흥미로운 것들이 처음에는 성(性)의 흔적을 전혀 보이지 않기 때문이다. 예를 들면, 아주 무해하면서도 대단히 교육적인 훈련은 연상 실험에서 콤플렉스를 암시하는 연상 집단들을 분석하는 것이다. 전혀 해롭지 않은 이 자료의 도움을 받으면, 프로이트가 제시하는 많은 현상을 특별한 어려움을 겪지 않고 연구할 수 있다.

꿈과 히스테리의 분석은 그보다 훨씬 더 어려우며, 따라서 초심자에게는 그다지 적절하지 않다. 기본 원리에 대한 지식을 갖추지 않은 상태에서는 프로이트의 최근 가르침을 절대로 이해하지 못한다. 그러면 쉽게 예상할 수 있듯이, 그 가르침은 잘못 이해된 상태로 남게 된다.

따라서 내가 프로이트의 관점이 발달해온 과정을 설명하려고 시도하는 것은 대단히 망설여지는 일이다. 참고할 인쇄물이 딱 두 종류밖에 없다는 사실 때문에, 나의 과제는 특별히 더 어려워진다. 앞에서 언급한 『성욕 이론에 관한 세 편의 에세이』와 '히스테리 분석의 단편'이 그것들이다. 아직까지 프로이트의 최근 관점을 체계적으로 설명하고 분석하려는 시도는 전혀 이뤄지지 않았다. 먼저 『성욕 이론에 관한 세 편의 에세이』의 주장에 가까이 다가가도록 하자.

이 에세이들은 이해가 특별히 어렵다. 프로이트의 사고방식에 익숙하지 않은 사람들뿐만 아니라 특별한 이 분야에서 이미 활동하고 있는 사람들에게도 똑같이 어렵다. 가장 먼저 고려해야 할 것은 프로이트의 성욕 개념이 놀라울 정도로 넓다는 점이다. 프로이트의 성욕 개념은 정상적인 성욕뿐만 아니라 온갖 성도착(性倒錯)까지 포함하며, 심리성적 파생물의 영역으로까지 확장하고 있다. 프로이트가 성욕에 대해 이야기할 때, 그 성욕은 단순히 성적 본능으로 이해되어야 한다. 프로이트가 매우 폭넓게 쓰는 또 다른 개념은 '리비도'이다. 원래 '성적 리비도'(libido sexualis)라는 표현에서 나온 이 개념은 우선 정신적 삶의 성적인 요소들을 의미하고 그 다음으로 과도한 열정이나 욕망을 의미한다.

프로이트가 이해하는 바에 따르면, 유아기의 성욕은 리비도를 적용하거나 "투입할" 갖가지 가능성들을 말한다. 그 단계에선 정상적인 성적 목표가 존재하지 않는다. 아직 생식기가 완전히 발달하지 않았기 때문이다. 그러나 정신적 메커니즘은 아마 이미 존재할 것이다. 리비도는 온갖 가능한 형태의 성적 행위에 분배된다. 또 온갖 성적 도착에도 마찬가지로 분배된다. 말하자면 모든 형태의 성적 변형에도 리비도가 분배되는 것이다. 만약에 이 변형이 고착된다면, 훗날 그것은 진짜 성도착이 될 것이다.

아이가 점진적으로 발달함에 따라, 리비도는 도착적인 경향에 투입하는 것을 점점 줄이고 정상적인 성욕의 성장에 집중할 것이다. 이 과정에 도착적 경향에 투입되지 않게 된 리비도는 승화, 즉 보다 고차원적인 정신적 기능을 위한 추진력으로 이용될 것이다. 사춘기 때나 사춘기 이후에, 정상적인 개인은 어떤 객관적인 성적 목표를 잡게 되고, 이로써 그 사람의 성적 발달은 끝을 맺게 된다.

프로이트의 관점에서 볼 때, 유아기의 성적 발달이 힘든 상황에서 이뤄지는 것이 히스테리의 특징이다. 이는 엉뚱한 방향으로 투입된 리비도를 버리기가 더 어렵고, 따라서 그런 리비도가 더 오래 지속되기 때문이다.

만약에 훗날의 진정한 성적 요구가 병적인 인격과 어떤 형식으로든 충돌을 빚는다면, 그 사람의 성적 발달이 방해를 받았다는 점은 그가 그 요구를 적절한 방법으로 충족시키는 것이 불가능하다는 사실에서 드러난다. 이는 성적 요구가 준비되지 않은 성욕과 마찰을 빚기 때문이다.

프로이트가 말하는 바와 같이, 히스테리 성향이 있는 개인은 어린 시절부터 다소 "성적으로 억압된" 상태에 있다. 이런 개인은 넓은 의미로 말하는 성적 흥분을 정상적인 성욕의 범위 안에서 해소시키지 않고 오히려 억압하면서 유아기의 성적 활동을 활성화시킨다.

이 과정은 무엇보다 히스테리 환자의 뚜렷한 특징인 공상 활동으로 나타난다. 히스테리 환자의 공상은 유아기의 특별한 성적 활동이 밟아온 길을 따라 발달한다. 모두가 잘 알고 있듯이, 히스테리 환자들의 공상은 무한하다. 따라서 정신적 균형을 어느 정도 유지하려면, 억제 메커니즘이 반드시 필요하다. 혹은 프로이트의 표현대로 저항이 꼭 필요하다.

만약 공상이 성적인 성격을 띠고 있다면, 그에 따르는 저항은 수치심과 혐오감이 될 것이다. 이런 감정 상태가 대체로 육체적 표현으로 이어지기 때문에, 육체적 증후가 반드시 나타나게 되어 있다.

주제 자체가 워낙 복잡하다 보니, 이론적 설명도 대단히 어렵게 들린다. 따라서 이런 식으로 이론적으로 접근하는 것보다는 나 자신의 경험에서 나온 구체적인 예를 제시하는 것이 프로이트의 가르침이 뜻하는 바를 더 쉽게 파악하도록 도울 것이다.

여기서 예로 제시하는 환자는 스무 살의 젊은 여자이며 대단히 똑똑하다. 최초의 증후는 3세에서 4세 사이에 나타났다. 당시에 환자는 통증 때문에 대변을 더 이상 참을 수 없는 지경에 이를 때까지 변을 참기 시작했다. 그녀는 점차 다음과 같은 보조적인 절차를 이용하기 시작했다. 그녀는 한쪽 발의 뒤꿈치 위에 엉덩이를 올린 상태로 쪼그리고 앉은 자세에서 대변을 보려고 애를 썼다. 그러면 발뒤꿈치가 항문을 누르게 되어 있다. 환자는 이런 이상한 행위를 일곱 살 때까지 계속했다. 프로이트는 이 같은 유아기의 도착(倒錯)을 항문 에로티시즘이라 부른다.

이 도착은 일곱 살이 되면서 중단되고 그 자리를 자위가 대신했다. 언젠가 그녀의 아버지가 그녀의 맨 엉덩이를 손바닥으로 때렸을 때, 그녀는 성적 흥분을 분명히 느꼈다. 훗날엔 남동생이 똑같은 방식으로 훈육을 받는 모습을 볼 때면 그녀는 성적으로 흥분되었다. 그러는 가운데 그녀는 점점 아버지에게 부정적인 태도를 보이게 되었다.

열세 살에 사춘기가 시작되었다. 이후 성도착적인 성격의 공상이 그녀를 줄기차게 따라다녔다. 이 공상들은 강박적인 성격을 지니고 있었다. 그녀는 음식을 먹는 동안에 대변보는 상상을 결코 떨치지 못했다. 다른 사람이 먹는 것을 볼 때에도 마찬가지로 그런 상상에서 벗어나지 못했다. 그녀의 아버지가 먹는 것을 볼 때면 그런 생각이 특히 더 심하게 그녀를 괴롭혔다. 그녀는 아버지의 손을 보면 반드시 성적 흥분이 느껴졌다. 그 때문에 그녀는 아버지의 오른손을 더 이상만질 수 없게 되었다. 그리하여 그녀는 다른 사람 앞에서 음식을 먹을 때면 강박적 웃음을 터뜨리거나 혐오감에 울기까지 했다. 이유는 배변 공상이 그녀 주변의 모든 사람들에게로 확대되었기 때문이다. 그러는 그녀를 어떤 식으로든 바로잡으려 들거나 꾸짖으려 들면, 그녀는 혀를 내밀거나 발작적웃음을 터뜨리거나 혐오감에 울거나 공포의 몸짓을 보였다.그녀의 눈앞에 자식을 혼내던 아버지의 손의 이미지가 생생하게 떠오르면서 성적 흥분을 수반했기 때문이다. 이 흥분은자위로 이어졌다.

열다섯 살에 그녀는 다른 사람과 사랑의 관계를 맺고 싶다는 정상적인 충동을 느꼈다. 그러나 이쪽 방향으로 이뤄진노력은 모두 실패하고 말았다. 그녀와 그녀가 간절히 사랑하기를 원하는 사람 사이에 병적인 공상이 무차별적으로 끼어들었기 때문이다. 그와 동시에, 그녀가 혐오감 때문에 자기 아버지에게 애착을 표현하는 것도 불가능하게 되었다. 그녀의 아버지는 그녀의 유아기 리비도 전이의 대상이었으며, 따라서 저항이 특별히 그녀의 아버지에게 반대하는 쪽으로 흘렀다. 반면에 그녀의 어머니는 저항의 대상이 아니었다. 이 때쯤 그녀는 선생에게 사랑의 감정을 품었지만 이 감정도 똑같이 강력한 혐오감에 재빨리 굴복하고 말았다. 애정을 너무나 간절히 원하는 아이의 내면에서, 이 같은 감정적 고립은 엄청난 영향력을 행사하게 되어 있었으며, 그 효과가 나타나기까지 시간이 그리 많이 걸리지 않았다.

열여덟 살에 그녀의 상태가 아주 나빠졌다. 이제 그녀는 깊은 우울증과 웃음, 울음, 절규 발작을 교대로 보이는 외에 다른 모습은 더 이상 보이지 않게 되었다. 그녀는 사람들을 똑바로 바라보지 못하게 되었으며, 언제나 머리를 숙이고 다녔다. 그러다 누군가가 건드리기라도 하면 혐오감을 나타내는 온갖 표정을 지으며 혀를 내밀었다.

이 여자 환자의 간단한 병력(病歷)은 프로이트의 견해에 담긴 근본적인 것들을 모두 보여주고 있다. 첫째, 유아기의 도착적인 성적 활동의 단편이 보인다. 항문 에로티시즘이 그것이며, 이것이 일곱 살 때 자위로 대체된다. 이 시기에 어른의 육체적 처벌이 항문 부위에 영향을 미치면서 성적 흥분을 낳았다. 여기서 우리는 훗날 소녀의 심리성적 발달을 결정할 요소를 확인하고 있다.

사춘기는 육체 및 정신의 격변과 함께 공상 활동을 두드러지게 증대시켰다. 이 공상 활동이 어린 시절의 성적 활동을 이용하면서 그것을 무한히 다양한 모습으로 바꿔놓았다. 이런 종류의 도착적인 공상은 민감한 사람의 내면에서 말하자면 도덕적 이물질(異物質) 같은 역할을 하게 되어 있으며, 따라서 방어 기제에 의해, 특별히 수치심과 혐오감에 의해 억압되어야 했다. 이것이 혐오 발작이나 공포의 외침, 혀를 내미는 행위 등을 설명하고 있다.

다른 사람의 사랑을 받고 싶어 하는 사춘기의 갈망이 일어나기 시작할 때, 병적인 증후들이 늘어났다. 이는 공상이 이젠 사랑할 만한 가치가 가장 큰 바로 그 사람 쪽으로 치열하게 향하기 때문이다. 이는 자연히 격한 정신적 갈등으로 이어졌으며, 이 갈등은 증후가 히스테리성 정신증으로까지 악화되는 이유를 설명해준다.

이젠 프로이트가 히스테리 환자들은 "어린 시절부터 성적인 것을 약간 억압하는 상태에 있다"고 말할 수 있는 이유가 이해된다. 히스테리 환자들은 아마 기질적인 이유 때문에 다른 사람들보다 성적 혹은 준(準)성적 행위를 더 쉽게 하게 될 것이다. 기질적으로 타고난 그들의 감동성 때문에, 유아기의 인상이 더 깊이 박히고 또 더 오래 간다. 따라서 훗날 사춘기에 이를 때, 히스테리 환자들은 최초의 성적 공상의 경향에 더 강하게 끌리게 된다. 또 히스테리 환자들의 감정적 충동은 기질적으로 타고난 감동성 때문에 정상적인 사람들보다 훨씬 더 강하다. 따라서 비정상적인 공상의 치열성에 맞서기 위해, 그만큼 더 강한 수치심과 증오감이 나타나게 되어 있다.

사랑의 대상으로 리비도를 전이해야 하는 진정한 성적 요구가 생길 때, 우리가 본 바와 같이 온갖 도착적인 공상이 사랑의 대상에게로 전이된다. 따라서 사랑의 대상에 대한 저항이 일어나게 되는 것이다. 환자는 억제하지 않는 상태에서는 자신의 리비도를 그 대상으로 전이하지 못했으며, 이것이 엄청난 감정적 갈등을 일으켰다. 그녀의 리비도는 그녀의 방어 감정에 맞서는 과정에 소진되어 버리고, 이 방어 감정은 더욱 커지면서 증후들을 낳았다. 따라서 프로이트는 증후들이 환자의 성적 활동을 표현하는 것에 지나지 않는다는 식으로 말할 수 있다.

요약하면, 히스테리에 관한 프로이트의 견해는 다음과 같이 정리된다.

a. 다소 도착적인 성격을 가진 어떤 조숙한 성적 행위가 기질적 바탕 위에 자라난다.

b. 이 성적 행위는 처음에는 진짜 히스테리 증후로 이어지지 않는다.

c. (육체적 성숙에 비해 심리학적으로 더 일찍 시작되는) 사춘기에 이르면, 공상이 유아기의 성적 행위에 의해 정해진 방향으로 일어나는 경향을 보인다.

d. 기질적(감정적) 이유로 치열해진 공상은 콤플렉스의 형성으로 이어지는데, 이 콤플렉스가 의식의 다른 내용물과 조화를 이루지 못하고, 따라서 주로 수치심과 혐오감에 의해 억압된다.

e. 이 억압이 리비도가 사랑하는 대상으로 전이되는 것을 막는다. 따라서 엄청난 감정적 갈등이 일어나며, 이 갈등은 실제로 병이 발발할 계기가 된다.

f. 병의 증후들은 리비도가 억압에 맞서 투쟁하는 데서 비롯된다. 그러므로 병의 증후들은 비정상적인 성적 행위를 나

타내는 것에 지나지 않는다.

그렇다면 프로이트의 견해는 어느 정도 타당할까? 이 물음에 대한 대답은 대단히 어렵다. 무엇보다, 프로이트의 치료법과 일치하는 환자들이 진정으로 존재한다는 점이 강조되어야 한다. 프로이트의 치료 기술을 배운 사람은 누구나 이 같은 사실을 안다. 그러나 프로이트의 치료법이 모든 형태의 히스테리에 적용할 수 있는지 여부에 대해서는 아무도 모른다(어쨌든, 아이들의 히스테리와 정신외상성 신경증은 별도의 집단에 속한다). 프로이트는 신경 전문가가 자주 접하는 그런 평범한 히스테리 환자라면 자신의 이론을 적용할 수 있다고 단정한다.

프로이트의 경험에 비하면 아주 일천하지만, 나 자신의 경험은 프로이트의 그 같은 주장에 반박할 증거를 전혀 확보하지 못했다. 내가 분석한 히스테리 환자의 경우에, 증후들이 아주 다양했다. 그러나 나의 히스테리 환자들은 심리적 구조에서 놀라울 정도의 유사성을 보였다.

환자의 겉모습은 분석을 거치게 나면 그 중요성을 잃게 된다. 이유는 똑같은 콤플렉스가 어떤 식으로 대단히 광범위하고 매우 두드러진 증후들을 낳게 되는지가 확인되기 때문이다. 이런 이유 때문에, 프로이트가 제시하는 개요가 특정 집단의 증후들에만 적용되는지 여부를 밝히는 것은 불가능하다. 현재로선 우리는 프로이트의 발견들이 아주 많은 히스테리 환자들에게 적용될 수 있다는 점만을 확인할 수 있을 뿐이다.

프로이트가 한 분석들의 세세한 결과에 대해 말하자면, 프로이트의 분석이 반대를 불러일으키고 있는 것은 단순히 어느 누구도 1896년 이후로 프로이트 이론이 발달해 온 과정을 따르지 않았기 때문이다. 프로이트의 꿈 분석을 검증하고 프로이트의 원칙을 따랐다면, 프로이트의 최근 저작물들, 특히 '히스테리 분석의 단편'은 이해가 그다지 어렵지 않을 것이다. 이 논문들에 대해 지적할 수 있는 유일한 것은 그 솔직성이다. 대중은 특히 프로이트의 성적 상징 때문에 그를 용서하지 못한다. 나의 의견엔 이 성적 상징 분야에서 프로이트의 글을 분석하는 작업이 아주 쉬울 것 같다. 이 분야야말로 모든 민족의 공상적 사고를 표현하고 있는 신화가 아주 교훈적인 방식으로 길을 잘 닦아놓은 곳이기 때문이다.

여기서 나는 하이만 슈타인탈(Heymann Stinthal)[12]이 1860
....
12 독일 언어학자(1823-1899).

년대에 발표한 글들에 대해 언급하고 싶다. 그의 글은 신화적 기록과 언어의 역사 속에 성적 상징이 광범위하게 존재하고 있다는 점을 증명하고 있다. 나는 또 시인들의 에로티시즘과 그들의 비유적 혹은 상징적 표현을 떠올린다. 이런 자료를 고려하는 사람은 프로이트의 상징적 표현과 개인과 민족에 나타나는 시적 공상의 상징 사이에 비슷한 점이 있다는 사실을 보지 않을 수 없다. 따라서 프로이트의 상징과 그에 대한 해석은 지금까지 들어보지 않았던 것이 절대로 아니다. 단지 정신과의사들에게만 좀 낯설 뿐이다. 그러나 이런 어려움 때문에 정신과의사들이 프로이트가 제기한 문제들 속으로 보다 깊이 들어가지 않는 일이 벌어져서는 곤란하다. 이 문제들이 신경학 못지않게 정신의학에도 대단히 중요하기 때문이다.

3장
꿈의 분석(1909)[*]

....
* <The Analysis of Dreams>

지그문트 프로이트는 1900년에 꿈의 분석에 대한 두툼한 책을 출간했다. 프로이트가 그 연구를 통해 거둔 중요한 결실을 여기에 소개할 계획이다.

일반적으로 꿈은 우연적이고 의미 없는 연상들이 뒤섞인 것으로 여겨진다. 또 많은 저자들은 꿈은 단순히 잠을 자는 동안에 일어나는 신체적 감각의 결과라고 주장한다.

프로이트의 이론에 따르면, 꿈은 절대로 그렇지 않다. 꿈은 정신 활동의 의미 있는 산물이며, 다른 정신 기능과 마찬가지로 체계적 분석의 대상이 될 수 있다. 잠을 자는 동안에 느껴지는 신체기관의 감각이 꿈의 원인은 아니다. 신체기관의 감각도 꿈의 형성에 역할을 하지만 어디까지나 부차적인 역할에서 그치며 정신이 작업할 요소(자료)만을 공급할 뿐이다. 프로이트에 따르면, 꿈은 모든 복잡한 정신적 산물과 똑같이 하나의 창조물이며, 또 정신 작용의 일부로서 동기와 선행하는 연상의 열차를 갖고 있다. 꿈은 또한 깊이 숙고한 끝에 나오는 모든 행위처럼 어떤 논리적 과정의 산물이며, 다양한 경향들이 경쟁을 벌인 끝에 나온 결과물이며, 한 경향이 다른 경향을 누른 승리의 결과물이다. 따라서 꿈을 꾸는 것은 우리 인간이 하는 다른 모든 것들과 마찬가지로 어떤 의미를 지닌다.

이 대목에서 우리가 경험하는 현실은 이 같은 이론과 어긋난다는 식의 반대 의견이 제시될 수 있다. 그도 그럴 것이 꿈의 인상이 일관되지 못하고 또 모호하기 짝이 없는 것으로 악명이 높기 때문이다. 프로이트는 이처럼 혼돈스런 이미지의 연속을 꿈의 '명백한 내용'이라고 부른다. 이것은 꿈의 외관일 뿐이며, 프로이트는 이 외관 뒤에서 근본적인 것을, 말하자면 꿈 사고, 즉 '잠재적 내용'을 찾는다.

여기서 이런 의문이 생길 수 있다. 프로이트가 꿈 자체는 거대한 건물의 앞면에 지나지 않는다거나 꿈이 정말로 어떤 의미를 지닌다고 생각하는 근거가 무엇인가? 그의 주장은 어떤 독단적 의견에 바탕을 두고 있지도 않고, 선험적인 어떤 관념에 바탕을 두고 있지도 않으며, 오직 경험에만 바탕을 두고 있다. 다시 말해, 정신적(혹은 물리적) 사실은 절대로 우연적인 것이 아니라는 공통적인 경험에 근거하고 있다는 뜻이다.

그렇다면 꿈은 언제나 수많은 현상이 복잡하게 결합한 산물이기 때문에 원인들의 기차를 갖고 있음에 틀림없다. 이는 존재하고 있는 모든 정신적 요소가 그 앞에 있었던 정신 상태들의 결과물이고, 이론적으로 분석될 수 있어야 하기 때문이다. 프로이트는 우리가 인간 행동의 원인을 조사할 때 본능적으로 이용하는 것과 똑같은 원리를 꿈에도 적용한다.

프로이트는 스스로에게 아주 간단한 질문을 던진다. 이 특별한 사람이 이런 특별한 꿈을 꾸는 이유는 무엇인가? 그 사람은 특별한 이유를 갖고 있음에 틀림없다. 그렇지 않다면 인과성의 법칙이 깨어지기 때문이다. 아이의 꿈은 어른의 꿈과 다르다. 교육을 받은 사람의 꿈이 문맹자의 꿈과 다른 것과 똑같은 이치이다.

꿈에는 개인적인 무엇인가가 있다. 개인적인 그것은 꿈을 꾸는 사람의 심리적 성향과 일치한다. 이 심리적 성향은 무엇으로 이뤄져 있는가? 심리적 성향 자체는 우리의 정신적 과거의 결과물이다. 우리의 현재의 정신 상태는 우리의 역사에 좌우된다. 각 개인의 과거 속에는 정신적 요소들의 배열을 결정하는, 다양한 가치를 지닌 요소들이 있다. 강력한 감정을 일깨우지 않는 사건들은 우리의 사고나 행동에 별다른 영향을 미치지 못한다. 반면에 감정적 반응을 강하게 자극하는 사건들은 우리의 심리적 전개에 대단히 중요하다.

강력한 감정 톤을 지닌 기억들은 연상의 콤플렉스들을 형성하는데, 이 콤플렉스들은 오랫동안 이어질 뿐만 아니라 매우 강력하고 또 서로 연결되어 있다. 내가 거의 관심을 기울이지 않는 대상은 거의 아무런 연상을 끌어내지 못하며 곧 나의 지적 지평에서 사라지고 만다. 이와 반대로, 내가 큰 관심을 주고 있는 대상은 무수한 연상을 일깨우며 오랫동안 나의 마음을 차지할 것이다. 모든 감정은 다소 광범위한 연상 콤플렉스를 낳는다. 이 연상 콤플렉스를 나는 "감정 톤이 실린 관념들의 콤플렉스"라고 불렀다. 개인의 병력(病歷)을 연구하면서, 우리는 언제나 콤플렉스가 "무리 짓는 힘"을 아주 강하게 발휘한다는 것을 발견한다. 이를 근거로, 우리는 분석에서도 처음부터 콤플렉스를 만나게 되어 있다고 결론 내린다. 콤플렉스들은 모든 정신 구조에서 심리적 성향을 이루는 주요 요소인 것 같다. 예를 들어, 꿈에서 우리는 감정적인 요소들을 만난다. 정신 작용의 모든 산물들이 무엇보다도 "무리 짓는 힘"이 가장 강한 영향에 의존하기 때문이다.

'파우스트'에서 그레첸이 이렇게 노래하도록 만든 콤플렉스를 발견하기 위해서 멀리 볼 필요도 없다.

> 툴레에 왕이 있었다네.
>
> 왕은 죽을 때까지 진실했다네.
>
> 그에게 죽어가던 애인이
>
> 준 황금잔이 있었다네.

여기에 숨겨진 생각은 파우스트의 충절에 대한 그레첸의 의심이다. 그레첸에 의해 무의식적으로 선택된 이 노래는 우리가 꿈 재료라고 부르는 것으로, 은밀한 생각에 해당한다. 이 예를 꿈에 적용할 수 있다. 그레첸이 노래를 부른 것이 아니라 이 로맨스를 꿈으로 꿨다고 가정하면 된다. 그러면 멀리 떨어진 왕의 사랑을 그린 비극적인 옛날 이야기인 이 노래는 꿈의 '명백한 내용'이고, 꿈의 '얼굴'이다. 그레첸의 은밀한 슬픔에 대해 아무것도 모르는 사람은 그녀가 이 왕에 관한 꿈을 꾼 이유를 전혀 떠올리지 못할 것이다. 그러나 파우스트를 향한 그녀의 비극적인 사랑인 꿈 사고를 알고 있는 우리는 꿈이 이 특별한 노래를 이용하는 이유를 이해할 수 있다. 이 노래가 왕에게 "기대하기 힘든 충절"에 관한 것이기 때문이다.

파우스트는 충실하지 않으며, 그레첸은 파우스트가 이야기 속의 왕을 닮아 자신에게 충실하기를 바랄 것이다. 그녀의 꿈(실제로는 그녀의 노래)은 그녀의 영혼이 품고 있는 뜨거운 열망을 위장해서 표현하고 있다. 여기서 우리는 감정톤이 실린 콤플렉스의 진정한 본질을 건드리게 된다. 그런 콤플렉스는 언제나 소망의 문제이고 또 소망에 맞서고 있는 저항의 문제이다. 우리의 삶은 소망을 실현시키려는 투쟁에 투입되고 있다. 우리의 모든 행동은 무엇인가가 일어나거나 일어나지 말아야 한다는 소망에서 비롯된다.

우리가 일을 하는 것도 소망을 위해서이고, 우리가 생각하는 것도 소망을 위해서이다. 만약 어떤 소망을 현실 속에서 성취하지 못한다면, 적어도 공상으로라도 그것을 실현해야 한다. 시대와 민족을 불문하고 종교 및 철학 체계가 이를 입증하는 최고의 증거이다. 철학으로 위장했음에도 불구하고 불멸 사상은 하나의 소망에 지나지 않는다. 철학은 소망을 가리고 있는 얼굴에 지나지 않는다. 그레첸의 노래도 외적 형태에 지나지 않으며, 그녀의 슬픔을 가리고 있는 장막일 뿐이다. 꿈은 그녀의 소망을 성취된 것처럼 표현한다. 프로이트는 모든 꿈이 억압된 어떤 소망의 성취를 나타내고 있다고 말한다.

이 예를 더 멀리까지 끌고 가면, 꿈 속에서 파우스트가 왕으로 대체되는 것이 확인된다. 어떤 변형이 일어난 것이다. 파우스트가 먼 곳의 늙은 왕이 되었다. 강력한 감정 톤을 갖고 있는 파우스트의 인격이 중립적이고 전설적인 인물로 대체되고 있다. 왕은 유추에 의한 연상이고 파우스트의 상징이며, "애인"은 그레첸을 상징한다.

여기서 이런 것들이 궁금할 수 있다. 이런 식으로 배열되는 목적은 무엇이며, 그레첸이 하필 이런 생각에 대해 간접적으로 꿈을 꿔야 하는 이유는 무엇이며, 그레첸이 그 생각을 모호하지 않고 명쾌하게 하지 못하는 이유는 무엇인가?

이 같은 물음에 대한 질문은 쉽다. 그레첸의 슬픔이 누구도 깊이 생각하고 싶어 하지 않는 어떤 생각을 포함하고 있는데, 이 생각이 너무나 고통스럽게 다가오기 때문이다. 파우스트의 충절에 대한 그녀의 의심은 억압되고 억눌러지고 있다. 이 의심은 우울한 이야기라는 형식으로 다시 나타나며, 이 우울한 이야기는 그의 소망을 실현시키고 있음에도 불구하고 유쾌함 감정을 불러일으키지 못한다.

프로이트에 따르면, 꿈 사고를 이루고 있는 소망은 사람이 자신에게 공개적으로 인정할 수 있는 그런 욕망이 절대로 아니며 고통스런 성격 때문에 억눌려 있는 욕망이다. 이 욕망이 꿈에서 간접적으로 수면 위로 떠오르는 것은 그것이 깨어 있는 상태에서 의식적인 생각으로부터 배제되기 때문이다.

성인(聖人)들의 삶을 보면, 이 같은 추론도 전혀 이상하지 않다. 시에나의 성 카타리나(St. Catherine of Siena)가 억누른 감정의 본질을, 다시 말해 천상의 결혼에 관한 그녀의 환상에 간접적으로 다시 나타난 감정의 본질을 이해하는 것은 그리 어려운 일이 아니다. 성인들의 환상과 성인들이 받는 유혹에 다소 상징적으로 나타나고 있는 소망들이 어떤 것인지를 확인하는 것도 그리 어렵지 않다. 우리가 잘 알고 있는 바와 같이, 히스테리 환자의 몽유병 같은 의식과 정상적인 꿈 사이의 차이는 히스테리 환자들의 지적 생활과 정상적인 사람들의 지적 생활의 차이 정도에 그친다.

누군가에게 이러이러한 꿈을 꾼 이유는 무엇이며, 그 꿈에 표현되어 있는 은밀한 생각은 무엇이냐고 묻는다면, 대체로 그 사람은 제대로 대답하지 못한다. 전날 밤에 과식을 했다든가, 드러누워 있었다든가, 이런저런 것을 보거나 들었다는 식으로 말할 것이다. 한마디로 말해, 꿈에 관한 과학 서적에서 읽을 만한 내용만 나올 것이다.

꿈 사고에 대해 말하자면, 꿈을 꾼 사람은 대체로 그것을 모른다. 프로이트에 따르면, 꿈 사고가 너무나 불쾌한 생각인 탓에 억눌러지기 때문이다. 그러기에 누군가가 자기는 꿈에서 프로이트가 말하는 그런 것을 전혀 발견하지 못했다고 진지하게 말한다면, 정신분석 학파 사람들은 거의 웃음을 참지 못한다. 그 사람이 직접적으로 보는 것이 불가능한 것을 보려고 안간힘을 쓰고 있기 때문이다. 꿈은 억눌려 있는 콤플렉스가 눈에 띄는 것을 막기 위해 콤플렉스를 위장한다. 파우스트를 툴레의 왕으로 바꿔놓음으로써, 그레첸은 상황을 눈에 거슬리지 않게 만든다. 프로이트는 억압된 생각이 명확하게 드러나는 것을 막는 이 기제를 검열관(censor)이라고 부른다. 이 검열관은 우리가 낮 시간에 어떤 추리를 끝까지 따르지 않도록 막는 저항과 조금도 다르지 않다. 검열관은 생각에게 꿈을 꾸는 사람이 알아보지 못할 만큼 위장을 할 때까지 통과를 허용하지 않을 것이다. 그러기에 우리가 꿈을 꾼 사람에게 꿈의 뒤에 숨어 있는 생각을 알려주려고 할 때, 그 사람은 언제나 억압된 콤플렉스에 반대하는 것과 똑같은 저항으로 우리에게 맞설 것이다.

여기서 우리는 스스로에게 일련의 중요한 질문들을 던질수 있다. 무엇보다 먼저, 집의 표면 뒤에 있는 안쪽으로 들어가기 위해서 우리는 무엇을 해야 하는가? 다시 말하면, 꿈의명백한 내용 그 너머에 있는 은밀한 사고를 들여다보려면 어떻게 해야 하는가?

다시 우리의 예로 돌아가서, 그레첸을 불쾌한 꿈과 관련해상담을 하기 위해 나를 찾은 히스테리 환자로 가정해 보자.더 나아가, 내가 그녀에 대해 아는 것이 전혀 없다고 가정해보자. 이런 경우에 나는 그녀에게 직접적으로 질문을 던져시간을 낭비하는 일을 피할 것이다. 대체로, 이런 은밀한 슬픔이 발견될 때마다 엄청나게 강한 저항이 일어나기 때문이다. 나는 그런 직접적인 방법보다 "연상 실험"이라고 부르는 것을 실시할 것이다. 이 과정을 거치면 그녀를 힘들게 만들고 있는 사랑 문제의 전모(비밀스런 임신 등)가 다 드러날 것이다. 따라서 결론을 내리기도 쉬워질 것이며, 나는 그녀에게 조금도 망설이지 않고 꿈 사고를 제시할 수 있을 것이다. 그러나 실제로는 아주 조심스럽게 임할 것이다.

예를 들어, 나는 그녀에게 이런 질문을 던질 것이다. "툴레의 왕만큼 불성실한 사람이 누구지요?" 이 질문은 상황의 본질을 매우 신속하게 드러내 보일 것이다. 별로 복잡하지 않은 이런 환자의 경우에, 꿈을 해석하거나 분석하는 일은 몇 가지 간단한 질문으로 끝난다.

그런 예를 하나 제시한다. 이 남자 환자에 대해서 내가 아는 것은 그가 식민지에서 살다가 지금 휴가를 받아 유럽 대륙의 본국에 와 있다는 사실밖에 없다. 몇 차례의 면담을 거치는 동안에 그가 자신에게 강한 인상을 남긴 꿈에 대한 이야기를 들려주었다. 2년 전에 꾼 꿈이었다. '그는 황량한 사막에 있었다. 바위 위에 검정색 옷을 입고 얼굴을 두 손으로 가린 사람이 서 있는 모습이 보였다. 그런데 그 사람이 갑자기 낭떠러지 쪽으로 향했다. 바로 그때, 한 여자가 똑같이 검정색 옷을 입은 모습으로 나타나 그 사람을 말리려 들었다. 그러자 그는 이 여자까지 끌고 심연으로 몸을 날렸다.' 이 꿈을 꾼 환자는 무서움에 비명을 지르며 잠에서 깨어났다.

나는 이 환자에게 이런 질문을 던졌다. 위험에 처한 상황에 여자까지 파멸의 운명 쪽으로 끌고 가는 남자가 누구인가? 이 질문이 꿈을 꾼 사람의 마음을 크게 흔들어 놓았다. 그 남자가 바로 그 사람 본인이었기 때문이다.

2년 전에, 그는 바위투성이 사막 지대를 가로지르는 탐험 여행에 나섰다. 탐험 기간 내내 탐험대는 그곳의 야만적인 거주자들의 공격에 시달렸다. 야만인들이 밤에 탐험대를 공격했고, 그 와중에 대원 몇 명이 사라졌다.

그가 이런 위험하기 짝이 없는 탐험에 나선 것은 그 당시에 삶이 그에게 너무나 무가치하게 느껴졌기 때문이다. 이 모험을 벌이는 동안에 그는 자신이 운명에 도전하고 있다는 감정을 느낄 수 있었다. 그렇다면 그가 절망한 이유는 무엇인가?

몇 년 동안 그는 기후가 대단히 혹독한 나라에서 홀로 살았다. 2년 전에 휴가를 맞아 유럽에 왔을 때, 그는 어떤 젊은 여자를 알게 되었다. 두 사람은 사랑에 빠졌고, 젊은 여자는 그와 결혼하기를 원했다. 그러나 그는 적도의 살인적인 기후로 돌아가야 한다는 사실을 잘 알고 있었으며, 또 여자를 그런 곳으로 데려가 절망 속에 살게 할 생각은 조금도 없었다. 그래서 그는 오랫동안 깊은 절망과 도덕적 갈등을 느끼며 괴로워한 끝에 여자와의 관계를 청산했다. 그가 위험한 여행에 나선 것은 바로 그런 마음 상태에서였다. 이 꿈의 분석은 이 같은 진술로 끝나지 않는다. 소망 성취가 아직 분명하지 않기 때문이다. 그러나 근본적인 콤플렉스를 찾아내는 길을 보여주기 위해 이 꿈을 소개하고 있기 때문에, 여기선 분석의 그 다음 과정은 관심 밖이다.

이 꿈을 꾼 사람은 솔직하고 용기 있는 사람이었다. 이 환자가 조금 덜 솔직하든가 나에게 불편한 감정을 느끼거나 나를 불신했다면, 그도 콤플렉스를 쉽게 인정하지 않았을 것이다. 심지어 꿈이 아무런 의미를 지니지 않는다거나 나의 질문이 완전히 엉뚱한 방향으로 나가고 있다는 식으로 단호하게 주장하는 환자들도 있다. 이런 환자들의 경우라면, 저항이 아주 크게 일어나고 있기 때문에 깊은 곳에 있는 콤플렉스를 직접적으로 일상의 의식 속으로 끌어올리는 것은 불가능하다. 대체로 보면 저항이 일어나고 있는 경우에 직접적인 질문은 아주 풍부한 경험을 바탕으로 세심하게 제시되지 않는다면 아무런 결과를 끌어내지 못한다. "정신분석 방법"을 창조함으로써, 프로이트는 아주 강한 저항까지 해결하거나 극복할 수 있는 소중한 도구를 우리에게 안겨주었다.

정신분석 방법은 이런 식으로 실시된다. 꿈 중에서 특별히 두드러진 부분을 선택한다. 그런 다음에 환자에게 그 주제와 관련해 떠오르는 연상에 대해 묻는다. 그때 환자에겐 꿈의 그 부분을 생각하면서 떠올리는 모든 것을 솔직하게 털어놓도록 부탁한다. 또 마음속에 일어나는 비판을 최대한 무시하라고 권한다. 환자의 비판은 검열관에 지나지 않는다. 환자의 비판은 콤플렉스에 대한 저항이며 가장 중요한 것을 억누르는 경향을 보인다.

따라서 환자는 머릿속에 떠오르는 모든 것을, 관심을 주지 않고 다 털어놓아야 한다. 연상을 모두 말하는 것은 처음에는 언제나 어려운 일이다. 검열관의 억제 효과를 제거할 만큼 환자의 관심을 억누를 수 없는 상황이라면 연상을 떠오르는 즉시 털어놓는 것이 특히 더 어려워진다. 환자가 가장 강하게 저항하고 있는 대상이 바로 환자 자신이기 때문이다. 다음 예는 강력한 저항이 일어나는 경우에 분석의 방향이 어느 쪽을 행해야 하는지를 잘 보여주고 있다.

내가 무시하는 그런 비밀스런 삶을 살고 있는 어느 신사가 나에게 다음과 같은 꿈 이야기를 들려주었다. '나는 자그마한 방 안에 있었어요. 피우스 10세 교황 옆에 놓인 테이블에 앉아 있었지요. 교황의 이목구비는 실제보다 훨씬 더 멋있더군요. 나를 놀라게 만들 정도였답니다. 방의 한쪽으로 아파트가 하나 보였습니다. 호화롭게 장식된 테이블이 하나 있고, 야회복 차림의 부인들이 있었지요. 나는 돌연 소변을 보고 싶다는 생각이 들어서 밖으로 나갔지요. 볼일을 보고 돌아왔는데 또 다시 소변을 보고 싶은 마음이 들었어요. 그래서 나는 다시 방을 나갔지요. 그 후에도 몇 차례 되풀이되었어요. 그러다 오줌을 누고 싶어서 잠에서 깨어났지요.'

매우 지적이고 교육을 잘 받은 이 남자는 당연히 이 꿈에 대해 방광의 자극에 의해 일어난 꿈으로 설명했다. 정말로, 이런 종류의 꿈은 언제나 그런 식으로 설명된다.

그는 이 꿈에 개인적으로 대단히 의미 있는 요소들이 있다는 점에 대해 완강하게 반대했다. 꿈의 표면이 아주 투명하지 않은 것은 사실이다. 나도 이 꿈의 뒤에 무엇이 숨겨져 있는지 알 수 없었다. 나의 첫 번째 추론은 꿈을 꾼 사람이 강력히 저항하고 있다는 것이었다. 그가 꿈이 무의미하다는 주장에 너무나 많은 에너지를 쏟았기 때문이다.

그래서 나는 '당신이 자신과 교황을 비교하는 이유가 뭡니까?'라는 식으로 경솔한 질문을 던지지 않았다. 단지 그에게 "교황"을 떠올리면 무엇이 연상되는가, 라는 식으로 물었을 뿐이다. 분석은 다음과 같이 진행되었다.

먼저 교황에 관한 연상이다. "교황은 멋지게 삽니다.…"(학생들 사이에 잘 알려져 있는 대답이다.) 이 신사가 서른한 살이고 미혼이라는 점에 주목하라.

교황 옆에 앉는 것에 대해선 환자가 이렇게 말했다. "어느 이슬람 종파의 교주 옆에 꼭 그런 식으로 앉았던 적이 있지요. 그때 나는 그의 손님으로 아라비아에 가 있었습니다. 이 교주도 일종의 교황이지요."

교황은 독신자이고, 이슬람 종파 교주는 아내를 여럿 거느리고 있다. 이 꿈의 뒤에 숨어 있는 생각은 명확해 보인다. "나는 교황처럼 독신이지만 이슬람 종파 교주처럼 많은 아내를 두고 싶어." 그래도 나는 이 같은 짐작에 대해 침묵을 지켰다.

테이블이 놓여 있는 호화로운 방이 있다. "그 방들은 나의 사
촌의 집에 있는 방들입니다. 거기서 사촌이 2주 전에 연 대규
모 디너파티에 나도 참석했지요."
야회복을 입은 부인들에 대한 연상은 이렇다. "이 디너파티
에 부인들도 있었고, 사촌의 딸들, 결혼 적령기 소녀들도 있
었지요."

그는 여기서 말을 중단했다. 더 이상 연상을 떠올리지 못
했다. 정신적 억제로 알려진 이런 현상이 나타난다는 것은
곧 그 사람이 강력한 저항을 불러일으키는 어떤 연상을 생각
해냈다는 뜻이다. 그래서 나는 물었다.

이 소녀들은? "아, 아무것도 아닙니다. 최근에 그들 중 한 사
람이 F.에 있었어요. 그녀는 한동안 우리와 함께 머물렀습니
다. 그녀가 떠날 때, 나는 여동생과 함께 그녀를 배웅하러 역
으로 갔지요."

또 다른 억제가 나타났다. 그래서 나는 질문을 던짐으로써 그가 억제에서 풀려나도록 도왔다.

그때 무슨 일이 있었어요? "아! 나의 여동생에게 우리 모두가 웃게 만든 무슨 말인가를 했던 기억이 납니다(이 기억이 틀림없이 검열관에 의해 억눌려 있다). 그런데 그 말을 완전히 까먹었어요."

그가 기억해 내려고 최대한 노력하고 있음에도 불구하고, 그는 처음에는 그 말을 절대로 떠올리지 못했다. 이것이 억제에 의해 흔히 일어나는 건망증의 예이다. 그러다 돌연 그가 기억해냈다.

"역으로 가는 길에 어떤 신사를 만났습니다. 이 신사가 우리에게 인사를 했고, 나도 아는 사람인 것 같았습니다. 신사와 헤어진 뒤, 내가 여동생에게 물었지요. 그 사람이 사촌의 딸에게 관심을 두고 있는 신사이냐고요."

그녀는 지금 이 신사와 약혼한 사이이다. 사촌의 가족은 매우 부유했으며, 꿈을 꾼 사람도 그녀에게 관심이 있었으나 기회를 놓치고 말았다.

> 사촌의 집에서 열린 만찬과 관련해 떠오르는 것에 대해 물었다. "조금 있다가 두 친구의 결혼식에 가야 해요."
> 교황의 용모에 대해서도 물었다. "코가 특별히 멋지고 약간 뾰족하지요."
> 누가 그런 비슷한 코를 가졌습니까? (웃음) "지금 제가 대단한 관심을 갖고 있는 젊은 여인이지요."
> 교황의 얼굴에 다른 주목할 만한 것이 있습니까? "예, 입입니다. 입이 아주 잘생겼지요. (웃음) 나의 마음을 끌고 있는 젊은 여자도 그런 입을 갖고 있어요."

이 정도 자료라면 꿈의 큰 부분을 밝히는 데 충분하다. "교황"은 프로이트가 '압축'(condensation)이라고 부르는 것의 좋은 예이다. 우선, 교황은 꿈을 꾼 사람을 상징하며(독신자의 삶), 둘째로 교황은 여러 아내를 거느린 이슬람 종파 교주의 한 변형이다. 그렇다면 교황은 만찬이 열리는 동안에 꿈을 꾼 사람의 옆에 앉았던 그 사람이다. 말하자면 한 명 혹은 두 명의 여인이다. 사실, 이 꿈을 꾼 사람의 관심을 끌고 있는 두 여인이다.

하지만 이 재료가 소변을 보고 싶은 욕구와 어떤 식으로 연결될 수 있을까? 이 질문에 대한 대답을 찾기 위해, 나는 상황을 이런 식으로 정리했다.

> 당신은 결혼식에 참석하던 중에 어떤 젊은 여인이 있는 상황에서 소변을 보고 싶다는 생각이 들었던 적이 있지요? "맞습니다. 언젠가 그런 일이 있었습니다. 매우 불쾌한 일이었지요. 친척 결혼식에 초청을 받아 갔지요. 열한 살 때 일이지요. 그때 나는 교회에서 나와 같은 나이의 소녀 옆에 앉아 있었습니다. 결혼식이 다소 오래 걸렸고, 나는 소변이 마려웠지요. 너무 오래 참다가 그만 오줌을 싸고 말았지요."

결혼과 소변 욕구를 연결시키는 것은 그 사건에서 비롯되고 있다. 이 분석은 결코 여기서 끝날 수 없지만, 나는 이 에세이가 지나치게 길어지는 것을 피하기 위해 분석을 더 이상 계속하지 않을 것이다. 그러나 지금까지 말한 내용만으로도 정신분석 기술과 분석 과정을 보여주기에 충분하다. 독자에게 이 새로운 관점을 포괄적으로 보여주는 것은 틀림없이 불가능한 일이다. 정신분석 방법이 비추는 불빛은 꿈을 이해하는 것만 아니라 히스테리와 아주 중요한 정신적 질병을 이해하는 데에도 대단히 중요하다.

오늘날 온 곳에서 이용되고 있는 정신분석 방법은 독일 안에서 이미 자료를 상당히 축적하고 있다. 나는 이 방법에 대해 공부하는 것이 정신과의사와 신경학자뿐만 아니라 심리학자들에게도 아주 중요하다는 사실을 잘 이해하고 있다. 다음 책들을 추천한다. 정상 심리학을 공부하려는 사람에겐 프로이트의 『꿈의 해석』과 『농담, 그리고 농담과 무의식의 관계』(Jokes and Their Relation to the Unconscious)를 권한다. 신경증을 공부하려는 사람에게는 브로이어와 프로이트의 『히스테리 연구』와 프로이트의 '히스테리 분석의 단편'을 권한다. 정신증을 공부하려는 사람에겐 칼 융의 『조발성 치매의 심리학』(The Psychology of Dementia Praecox)을 권한다. '심리학 문헌'(Archieves de psychologie)에 실린 메데(Alphonse Maeder)[13]의 글도 프로이트의 사상을 탁월하게 요약하고 있다.

....
13 스위스 내과의사(1882-1971)로 정신분석에 조예가 깊었다.

모턴 프린스의 '꿈의 메커니즘과 해석'에 관하여(1911)[*]

....
*   <Morton Prince, "The Mechanism and Interpretation of Dreams: A Critical Revies>

프로이트의 길을 따라 꿈의 문제들을 연구하고 그 결과 꿈의 해석의 기본 원리를 확신하게 된 모든 동료들에게 먼저 양해의 말부터 하고 싶다. 내가 프로이트의 이론을 뒷받침하는 동료들의 견해를 간과하면서 대신에 다른 연구서에 대해 논하더라도, 동료들은 그러는 나를 용서해 줄 것으로 기대한다. 내가 다루고자 하는 연구서는 보다 덜 긍정적인 결과를 제시했음에도 불구하고 바로 그런 이유 때문에 공개적 논의에 더 적절할 수 있다. 여기서 특별히 언급할 가치가 있는 한 가지 사실은 모턴 프린스

(Morton Prince)[14]가 이미 정신병리학적 문제를 연구한 결과 깊은 통찰을 얻게 된 덕에 프로이트의 심리학을 이해할 수 있는 조건을 충분히 갖추고 있다는 점이다.

프로이트를 이해하기 위해선 프로이트의 글을 원서로 읽는 것이 전제조건임에도, 모턴 프린스가 프로이트의 글을 원서로 읽을 만큼 독일어 실력이 충분한지에 대해선 나는 알지 못한다. 그러나 만일 그가 영어로 번역된 글에 의존해야 하는 상황이었다 하더라도, 어니스트 존스(Ernest Jones)[15]가 꿈 분석에 대해 명쾌하게 설명한 '프로이트의 꿈 이론'이라는 논문만 읽어도 프린스는 필요한 지식을 모두 얻을 수 있었을 것이다. 이 논문 외에도 브릴(Abraham Brill)[16]과 존스가 논문과 보고서를 상당수 발표하고 있으며 최근에는 퍼트남(James J. Putnam)과 마이어(Adolf Meyer), 호르히(August Hoch), 스크립처(Edward Wheeler Scripture)를 비롯한 전문가들이 정신분석(혹은 블로일러(Eugen Bleuler)[17]의 표현

....

14 미국 의사(1854-1929)로 신경학과 비정상 심리학에 전문이었다.

15 영국의 신경학자이며 정신분석가(1879-1958).

16 오스트리아 태생의 미국 정신과의사(1874-1948)로 프로이트의 책을 영어로 많이 번역했다.

17 스위스 정신과의사(1857-1939).

을 빌리면 "심층 심리학")의 다양한 측면을 밝히고 있다. 이
외에 프로이트와 내가 클라크 대학에서 한 강연뿐만 아니라
두 사람의 책도 번역되어 있다. 그렇기 때문에 독일어를 전
혀 모르는 사람도 정신분석을 알 수 있는 기회는 아주 많다
고 할 수 있다.

모턴 프린스가 분석에 관한 지식을 습득한 것은 호헤
(Alfred E. Hoche) 교수[18]가 거의 미신에 가까운 공포를 표시
했던 그런 개인적 접촉이 아니라 독서를 통해서였다. 독일어
를 쓰는 독자도 알 수 있듯이, 모턴 프린스는 『인격의 분열』
(The Dissociation of a Personality)이라는 책을 쓴 저자이다.
이 책은 비네(Alfred Binet)와 자네(Pierre Janet), 플루누아
(Théodore Flournoy)의 유사한 연구서 옆에 나란히 놓일 만
큼 가치를 인정받고 있다. 프린스는 또한 '비정상 심리학 저
널'(Journal of Abnormal Psychology)의 에디터이며, 잡지를
통해 정신분석에 관한 문제들을 객관적으로 다루고 있다.

이 같은 소개를 읽으면서 독자는 내가 모턴 프린스를 편견
을 갖지 않은 연구자라고 표현해도 지나치지 않다는 것을 확

....
18　호헤 교수는 프로이트와 프로이트 학파 사람들이 광기에 전염되었다고 비
난했다.

인할 것이다. 그는 실제로 정신병리학의 문제들을 판단하는 데 있어서 과학적 명성에 걸맞은 능력을 발휘하고 있다. 퍼트남이 주로 정신분석의 치료적인 측면에 관심을 쏟으면서 그 문제를 아주 솔직하게 논하고 있다면, 모턴 프린스는 특별히 논쟁적인 주제인 꿈 분석에 관심을 쏟고 있다.

프로이트의 모든 추종자가 독일 과학자들의 눈에 과학자로서의 명예로운 이름을 잃게 되는 것으로 비치는 지점이 바로 여기이다. 프로이트의 결정적인 연구서인『꿈의 해석』은 독일 비평가들에게 무책임하고 경솔한 행위의 산물로 취급당하고 있다. 늘 그렇듯이, 독일 비평가들은 "찬란한 실수" "독창적인 탈선" 같은 그럴 듯한 표현을 쓸 준비가 언제든 되어 있다.

그러나 심리학자나 신경학자, 정신과의사가 프로이트의 꿈의 해석에 대해 판단하려면 꿈의 해석을 직접 해 봐야 한다는 주장은 지나치지 않다. 그럼에도 프로이트의 이론에 반대하는 사람들은 도대체 그런 시도를 하려 들지 않는다. 그 주제가 너무 어렵기 때문에 감히 그런 시도를 하지 못했을 것이라고 나는 믿는다. 그들에게 이 주제가 어렵게 느껴지는 것은 지적인 이유 때문이 아니라 개인적이고 주관적인 저항

때문이다. 정신분석이 다른 과학 분야가 종사자들에게 전혀 요구하지 않는 어떤 희생을 요구하는 것이 바로 이 대목이다. 그 희생이란 바로 냉철한 자기지식이다.

분석적인 방법으로 자기지식을 얻으려는 노력의 한 기능이 바로 정신분석을 이론적으로나 실질적으로 확실히 이해하게 하는 것이라는 점을 거듭 강조할 필요가 있다. 자기지식이 실패하는 곳에서, 정신분석은 결코 번창하지 못한다. 자신에 대해 잘 알고 있다고 생각하는 사람들에겐 이 말이 모순처럼 들릴 수 있다. 과연 그런 식으로 생각하지 않는 사람이 있는가?

모두가 확신에 찬 목소리로 자기 자신에 대해 잘 알고 있다고 단언한다. 그럼에도 그런 확신은 하나의 단언일 뿐 결코 사실은 아니다. 사람의 자긍심에 필요한 유치한 망상에 지나지 않는다. 자신의 지식 부족과 능력 부족을 엉터리 자신감으로 가리려 드는 의사는 정신분석을 절대로 하지 못한다. 왜냐하면 그런 태도를 버릴 경우에 그가 스스로에게 진실을 고백해야 할 것이고 자기 눈으로 봐도 자신이 절망적인 존재로 비칠 것이기 때문이다.

그렇다면 모턴 프린스 같은 평판이 높은 과학자가 용기 있게 그 문제를 풀기로 작정하고 나름대로 극복하려 나설 때, 우리는 그만큼 그 노력을 더 높이 평가해야 한다. 정신분석 학파는 이런 종류의 정직한 연구에서 나오는 반대는 언제든 환영할 준비가 되어 있다. 단지 진정한 연구를 두려워하면서 말만으로 싸구려 이론을 만들어내는 사람들에겐 할 말이 전혀 없다.

그러나 프린스의 반대에 대해 논하기 전에, 그가 연구한 분야와 정신분석 학파의 입장에서 볼 때 긍정적이라고 평가할 수 있는 연구 결과를 먼저 둘러볼 필요가 있다. 프린스는 어느 여자 환자의 여섯 가지 꿈을 연구했다. 이 환자는 다양한 의식 상태를 보일 수 있으며 그 상태에서 조사가 가능했다. 프린스는 "자유 연상"뿐만 아니라 최면 상태에서 질문하는 방법도 이용했다.

그는 이미 수십 개의 꿈을 분석한 것으로 알려져 있다. 그 결과, 프린스는 자유 연상 방법을 이용하면 "같은 사람의 다양한 꿈들을 조사함으로써 그 사람의 무의식의 전체 영역을 찾아낼 수 있고, 꿈들을 서로 비교함으로써 그 사람의 정신적 삶을 관통하며 영향을 미치고 있는 관념들을 발견할 수 있다."는 사실을 확인할 수 있었다. 따라서 "비상식적인" 정신분석적 방법을 이용하면서, 이 미국인 연구자는 무의식 영역에서 정신생활에 큰 영향을 미치고 있는 무엇인가를 발견할 수 있었다. 그에게 정신분석 "방법"은 정말로 하나의 방법이며, 그는 자신이 개인적으로 프로이트에게 최면이 걸리지 않은 가운데서도 무의식 영역의 존재에 대한 믿음을 강하게 품고 있다.

더 나아가, 프린스는 "환자가 모르고 있는 잠재의식적 관념들"을 꿈 재료로 여겨야 한다는 점을 인정하고 있다. 말하자면 꿈의 원천이 무의식 안에 있을 수 있다는 점을 인정한다는 뜻이다. 다음 구절이 이를 분명히 보여주고 있다.

예전에 사람들이 생각하던 것과 달리 꿈은 무의미하고 엉뚱한 것이 아니라는 사실을 발견한 것은 프로이트의 놀라운 천재성을 보여준다. 정신분석 방법을 통할 경우에 꿈은 논리적이고 지적인 의미를 갖는 것으로 확인된다는 것을 발견한 프로이트의 업적은 정말 놀랍다. 그러나 꿈의 의미는 일반적으로 상징 속에 숨어 있으며, 그렇기 때문에 꿈을 꾼 사람의 정신적 경험들을 철저히 조사해야만 드러날 수 있다. 내가 지적한 바와 같이, 그런 조사는 연상을 통해 꿈의 요소에 해당하는 기억들을 다시 살려낼 것을 요구한다. 이 조사 과정을 거치고 나면, 대단히 공상적인 꿈도 지적인 어떤 생각을 나타내고 있다는 결론을 내리지 않을 수 없다. 당연히 지적인 생각은 상징 속에 숨어 있다. 나의 관찰은 프로이트의 이론들을 뒷받침한다. 각 꿈을 관통하는 어떤 지적인 동기가 있는 것이 확인된다는 점에서 보면 그렇다. 그렇다면 꿈은 꿈을 꾼 사람이 예전에 품었던 어떤 생각을 표현하고 있는 것으로 해석될 수 있다. 적어도 내가 분석한 꿈은 모두 이런 식의 해석이 가능했다.

그러므로 프린스는 꿈이 의미를 지니며, 그 의미는 상징 속에 숨어 있으며, 그 의미를 찾아내기 위해서는 기억 자료가 필요하다는 점을 인정하고 있다. 이 모든 것은 프로이트의 꿈 해석의 근본적인 요소들을 뒷받침하는 내용이다. 선험적으로 접근하는 비평가들이 지금까지 인정한 것보다 훨씬 더 강하게 프로이트의 이론을 지지하고 있는 셈이다. 어떤 경험을 통해, 프린스는 또 히스테리 증후를 "숨겨진 사고 과정을 상징하는 것"으로 받아들이게 되었다. 그 바탕이 될 수 있는 견해들이 빈스방거의 『히스테리』(Die Hysterie)에 나타나고 있음에도 불구하고, 이 같은 인식은 독일 정신과의사들의 머릿속으로는 아직 침투하지 못하고 있다.

이미 밝힌 바와 같이, 나는 프린스가 프로이트의 이론에 찬성하는 진술로 논의를 시작했다. 이제 프로이트의 이론에서 벗어난 부분과 반대하는 부분을 볼 차례이다.

모든 꿈은 "어떤 소망을 상상 속에서 성취하는 것"으로 해석될 수 있다는 프로이트의 견해를 나는 인정할 수 없다. 꿈이 어떤 소망의 성취로 인식될 수 있다는 점에 대해서는 의문을 제기할 수 없지만, 모든 꿈 혹은 과반수의 꿈이 그렇다는 점을 나는 확인하지 못했다. 환자를 아주 세밀하게 분석해도 결과는 마찬가지였다. 반대로, 만약 나의 해석이 정확하다면, 일부 꿈은 소망의 미성취를 표현하는 것 같다. 또 어떤 꿈은 두려움이나 불안의 성취를 나타내는 것 같다.

이 구절에 프린스가 받아들이지 못하는 부분이 다 담겨 있다. 프린스에겐 소망 자체가 종종 프로이트가 생각하는 것만큼 "억압되지" 않고 그렇게 무의식적이지 않거나 중요하지 않은 것처럼 보인다. 따라서 억압된 소망이 꿈의 진정한 원천이고 이 소망이 꿈에서 성취된다는 프로이트의 이론은 프린스에게 받아들여지지 않고 있다. 프린스가 자신이 관찰한 자료에서 이런 것들을 볼 수 없었기 때문이다.

그러나 프린스는 적어도 그런 것들을 찾으려고 노력했으며, 그에겐 그 이론이 세심하게 검사해야 할 만큼 중요해 보였다. 이것이 정신분석을 공격하는 많은 사람들과 다른 점이다. (나는 이런 과정이 학계의 품위를 지키는 데 반드시 필요한 불문율이라고 생각한다.) 다행하게도, 프린스는 자신이 그런 결론을 끌어낸 자료까지 제시했다. 따라서 정신분석 학파는 우리의 경험과 그의 경험을 서로 비교하면서 오해가 일어나는 이유를 발견할 수 있다. 그가 권장할 만한 방향으로 스스로를 노출시키는 데는 틀림없이 대단한 용기가 필요했을 것이다. 그 덕에 우리는 지금 이런 식으로 정신분석 학파의 자료와 그의 자료를 공개적으로 비교하는 기회를 누리고 있다. 이런 비교는 모든 면에서 유익한 절차이다.

프린스가 꿈의 형식적인 요소만 보고 역동적인 요소를 보지 못하게 된 이유를 보여주기 위해서, 그의 자료를 보다 세세하게 검토해야 한다. 자료 속에 담긴 다양한 암시들을 근거로, 꿈을 꾼 사람은 장년기의 부인이며, 학생인 아들이 하나 있다. 그녀의 결혼생활은 불행했으며 아마 이혼하거나 별거 중일 것이다. 그녀는 몇 년 동안 히스테리성 인격 분열로 고통을 받았으며, 예전에 있었던 두 차례의 연애 사건에 대해 퇴행적인 공상을 품고 있었다. 저자인 프린스는 이 환자의 연애 사건에 대해 아마 고상한 척 구는 대중의 태도 때문에 그냥 암시하는 선에서 그쳤을 것이다. 프린스는 18개월에 걸쳐 환자의 인격 분열을 치료하는 데 성공했지만, 다시 환자의 상태가 나쁘게 돌아가고 있는 것 같다. 그녀가 분석가에게 터무니없을 만큼 심하게 의존하고 있기 때문이다. 그는 이 같은 사실이 너무나 지겹다고 판단하고 두 번이나 환자를 다른 동료에게 보내길 원했다.

여기서 우리는 분석되지도 않고 인지되지도 않은 전이를 그림처럼 선명하게 보고 있다. 잘 아는 바와 같이, 전이는 환자의 에로틱한 공상을 분석가에게 고착시키는 것을 말한다. 6개의 꿈은 분석가가 환자의 끈질긴 전이에 맞서 싸우는 것을 그대로 보여주고 있다.

꿈 #1. C[환자의 꿈 속 자아]는 어딘가에 있었는데, 유대인처럼 생긴 늙은 여자가 보였다. 이 늙은 여자는 병과 잔을 들고 위스키를 마시는 것처럼 보였다. 그런데 이 여자가 그녀의 어머니로 바뀌었다. 그녀의 어머니 역시 병과 잔을 들고 마찬가지로 위스키를 마시고 있는 것처럼 보였다. 그때 문이 열리고 그녀의 아버지가 나타났다. 그녀의 아버지는 그녀의 남편의 실내복을 입고 있었으며 손에 막대기를 두 개 들고 있었다.

풍부하고 설득력 있는 자료를 근거로, 프린스는 환자가 술의 유혹과 일반적으로 "가난한 사람"의 유혹을 충분히 이해할 수 있는 것으로 여긴다는 점을 발견했다. 환자 자신도 가끔 밤에 약간의 위스키를 마셨으며, 그녀의 어머니도 그렇게 했다. 그러나 그런 행위에 잘못된 무엇인가가 있을 수 있다. "따라서 꿈 장면은 그녀 자신의 믿음을 상징적으로 표현하며 정당화하고 있으며 그와 동시에 그녀의 마음을 괴롭히고 있는 회의와 양심의 가책에 대해 대답하고 있다." 꿈의 두 번째 부분, 즉 막대기에 관한 내용은 프린스에 따르면 분명히 일종의 소망 성취이다. 그러나 환자가 그날 밤에 땔감을 주문했기 때문에 그것은 우리에게 아무런 이야기를 들려주지 않는다고 그는 말한다.

이 꿈의 분석에 많은 노력을 기울였음에도 불구하고(8쪽 할애), 꿈은 충분히 분석되지 않았다. 가장 중요한 아이템인 위스키를 마시는 것과 막대기가 전혀 분석되지 않은 채 그대로 남아 있다. 그 "유혹들"을 추적했다면, 저자는 곧 약간의 위스키나 두 개의 장작보다 훨씬 더 진지한 성격을 가진 바탕에서 환자의 양심의 가책을 발견할 수 있었을 것이다.

거기 나타난 아버지가 남편과 압축되는 이유는 무엇인가? 유대인 여자가 전날의 기억이 아닌 다른 기억 때문에 나타났는가? 왜 두 개의 막대기가 중요하며, 그것이 아버지의 손에 쥐어져 있는 이유는 무엇인가? 등등. 꿈은 분석되지 않은 것이나 마찬가지이다. 불행하게도, 꿈의 의미가 분석가에게 지나치게 분명하게 다가온다. 꿈은 매우 노골적으로 이렇게 말하고 있다. "만약 내가 전날 보았던 그 가난한 유대인 부인이라면, 나는 유혹에 저항하지 못할 것이다(어머니와 아버지가 저항하지 못하는 것처럼. 이는 유치한 비교의 전형이다). 그때 어떤 남자가 장작을 들고 나의 방으로 들어올 것이다. 당연히 나를 따뜻하게 데워주기 위해서다." 간단히 말하면, 이것이 그 의미일 것이다. 꿈은 이 모든 것을 담고 있다. 단지 저자가 신중하게 접근하다가 분석을 지나치게 일찍 끝냈을 뿐이다. 약삭빠르게 닫아 놓은 문을 내가 무분별하게 열어젖혀도 저자가 용서할 것이라고 믿는다. 그러면 어떤 종류의 소망 성취인지가 분명하게 드러날 것이다. "환자가 볼 수 없는" 소망, 다시 말해 섹스에 관한 의학계의 무지와 인습적 판단 뒤에 숨어 있는 그런 소망의 성취가 숨어 있을 수 있는 것이다.

꿈 #2. 언덕이 있다. 그녀는 언덕 위를 끙끙거리며 올라가고 있었다. 결코 꼭대기까지 올라가지 못할 것 같다. 그때 어떤 사람 혹은 물건이 그녀의 뒤를 따르는 느낌이 들었다. 그녀는 속으로 말했다. "놀란 것처럼 보여서는 안 돼. 그러면 이 물체가 나를 덮칠 거야." 그러다가 그녀는 보다 밝은 곳에 이르렀다. 두 조각의 구름 또는 그림자가 보였다. 하나는 검정색이고, 다른 하나는 빨간색이다. 그녀가 말했다. "아니, A와 B잖아! 도움을 받지 못하면 난 길을 잃고 말 거야." (그녀가 다시 변할 것이란 뜻으로 한 말이었다. 말하자면 인격의 분열 상태로 되돌아간다는 뜻이었다.) 그녀는 "프린스 박사님! 프린스 박사님!"이라고 부르기 시작했고, 당신이 거기서 웃으면서 "당신 자신이 그 지겨운 것과 직접 맞붙어야 해요."

라고 말했다. 그러다가 그녀는 놀라움에 몸의 마비를 느끼며 잠에서 깨어났다.

이 꿈은 매우 간단하기 때문에, 분석적 자료에 관한 추가적인 지식 없이도 해석할 수 있다. 그러나 프린스는 이 꿈에서 소망 성취를 보지 못하고 반대로 "공포의 성취"를 확인하고 있다. 그는 명백한 꿈 내용과 무의식적인 꿈 사고를 혼동하는 근본적인 실수를 다시 저지르고 있다.

이 저자에게 공정하자면, 이 예의 경우에 실수를 되풀이하는 것이 다소 용납된다는 점을 지적해야 한다. 결정적인 문장("당신 자신이 그 지겨운 것과 직접 맞붙어야 해요.")이 정말로 매우 모호하고 오해를 불러일으키기 쉽기 때문이다. "놀란 것처럼 보여서는 안 돼." 등의 문장도 모호하긴 마찬가지이다. 프린스가 자료를 바탕으로 보여주듯이, 이 문장은 질병의 상태로 다시 돌아간다는 것을 언급하고 있다. 환자가 재발을 무서워했기 때문이다.

그러나 "무서워하다"라는 표현은 무엇을 의미할까? 회복이 동시에 어떤 불리한 점을 안겨주기 때문에 환자에겐 아픈 상태에 있는 것이 훨씬 더 편리하다는 것을 우리는 알고 있다. 그 불리한 점이란 바로 그녀가 분석가를 잃게 된다는 사실이다. 병을 앓는 상태라면 그녀가 분석가를 계속 만날 수 있다.

그녀는 병을 매개로 분석가에게 많은 것을 제공했고, 분석가는 그녀에게 많은 관심과 인내를 보였다. 그녀는 틀림없이 자신에게 활력을 불어넣는 이런 관계를 포기하고 싶어 하지 않는다. 바로 이런 이유 때문에 그녀는 건강이 나아지는 상태를 무서워하고 있으며 분석가의 관심을 다시 촉발시킬 어떤 이상한 일이 자신에게 일어나기를 은밀히 기대하고 있다.

당연히, 그녀는 자신이 그런 소망을 진정으로 품고 있다는 점을 인정하지 않고 다른 짓을 할 것이다. 그러나 우리는 심리학에는 환자가 알고 있으면서 동시에 모르고 있는 것들이 있다는 이론에 익숙해져야 한다. 겉보기에 꽤 무의식적인 것처럼 보이는 것도 다른 연결에서 종종 의식적인 것으로 드러날 뿐만 아니라 실제로 알려져 있기도 한다. 단지 그것들의 진짜 의미가 알려져 있지 않았을 뿐이다. 따라서 이 환자가 인정할 수 없는 소망의 진정한 의미는 그녀의 의식에 직접적으로 닿지 않는다. 이것이 우리가 이런 진정한 의미를 두고 의식적이지 않다거나 "억압되어 있다"고 말하는 이유이다.

다소 노골적으로 표현한다면 이런 식이 된다. "나는 분석가의 관심을 다시 불러일으키기 위해 증후를 일으키고 있어." 이 말은 진실임에도 용납될 수 없다. 너무나 자존심 상하게 하는 말이기 때문이다. 그럼에도 그녀는 몇 가지 연상을 허용하고 그 뒤로 반쯤 가려진 소망을 어렴풋이 드러내 보일 것이다. 분석이 너무나 재미있었던 때에 대한 기억도 그런 정보에 해당한다.

따라서 "놀란 것처럼 보여서는 안 돼."라는 문장은 실제로는 이런 의미이다. "건강 상태가 좋아질 경우에 너무나 많은 문제를 떠안아야 한다는 이유로 내가 이전의 나쁜 상태로 돌아가고 싶어 한다는 사실을 겉으로 드러내서는 안 돼." "도움을 받지 못하면 길을 잃고 말 거야."라는 말은 "너무 빨리 나아서 병을 다시 일으킬 기회를 잃고 싶지 않아."라는 뜻이다. 그렇다면, 최종적으로 소망 성취가 온다. "당신 자신이 그 지겨운 것과 직접 맞붙어야 해요." 환자는 분석가에 대한 사랑을 놓지 않고 있을 때에만 건강이 좋다. 만약 분석가가 그녀를 비틀거리도록 내버려 둔다면, 그녀는 재발할 것이고 그렇게 되면 그녀를 돕지 않는 것이 그의 잘못이 될 것이다. 그러나 그녀가 재발한다면, 그녀는 분석가의 관심을 그전보다 더 많이 끌게 될 것이다. 바로 이것이 전체 계략의 핵심이다. 의식적인 마음에 불가능해 보이는 곳에서도 소망 성취가 이뤄지는 것이 꿈의 두드러진 특징이다.

재발에 대한 두려움은 분석을 요구하는 하나의 상징인데도, 저자는 이를 망각했다. 그가 꿈 속의 두려움을 위스키를 마시는 행위와 막대기처럼 표면적인 가치로만 받아들였기 때문이다. 그럴 게 아니라, 저자는 이 두려움의 본질을 깊이 파고들었어야 했다. 그의 동료인 어니스트 존스의 탁월한 저술인 『악몽에 대하여』(On the Nightmare)가 저자에게 이런 두려움의 소망적 성격에 대한 지식을 줄 수 있을 것이다. 그러나 나 자신의 경험을 통해서 알 수 있듯이, 초심자에겐 정신분석적 규칙 모두를 언제나 의식하는 것이 대단히 어려운 일이다.

꿈 #3. 그녀는 왓츠(George Frederic Watts)[19]의 그림에 나오는 바위투성이 오솔길에 맨발로 서 있었다. 돌 때문에 발이 아팠고, 옷도 충분히 입지 않아 추웠다. 그래서 길을 거의 올라가지 못하고 있었다. 그녀가 거기서 당신을 보고는 소리
....
19 영국 화가(1817-1904).

쳐 도움을 청했다. 그런데 당신은 "내가 도와줄 수 있는 것은 없어요. 당신이 직접 올라가야 해요."라고 말했다. 그러자 그녀는 "못 걷겠어요. 못 걷겠단 말이에요."라고 말했다. "아니, 당신이 직접 해야 한다니까. 그렇다면 내가 당신의 머릿속에 그걸 박아 넣을 수 있는지 해보지." 그러면서 당신은 돌을 주워 그녀의 머리를 때리면서 한번 칠 때마다 "신경을 끊고 싶어. 정말로 신경을 끊고 싶어."라고 말했다. 돌로 칠 때마다 그 무게가 그녀의 가슴을 누름에 따라 그녀는 우울한 마음이 되었다. 그녀는 잠에서 깨어 나서 당신이 돌로 치고 있는 것을 보았다. 당신은 화난 것처럼 보였다.

프린스는 이 꿈을 다시 표면적으로만 받아들이면서 꿈에서 "소망의 미성취"를 보고 있다. 여기서 다시 프로이트가 진정한 꿈 사고는 명백한 꿈 내용과 같지 않다는 점을 특별히 강조했다는 사실을 지적해야 한다. 프린스는 꿈 내용에만 관심을 쏟고 있는 탓에 진정한 꿈 사고를 발견하지 못했다. 자료를 정확히 알지 못하는 상태에서 개입하는 것은 언제나 위험한 일이다. 그럴 경우에 엄청난 실수를 저지를 수 있기 때문이다. 그러나 저자의 분석이 끌어낸 자료는 우리에게 잠재적 꿈 사고를 들여다보게 하기에 충분하다. (꿈이 완벽할 만큼 분명하기 때문에, 경험 있는 사람이라면 이미 오래 전에 꿈의 의미를 짐작했을 것이다.)

이 꿈은 다음과 같은 경험을 바탕으로 하고 있다. 전날 아침에 환자는 저자에게 전화로 의료적 도움을 청했다가 이런 대답을 들었다. "오늘은 당신을 면담할 시간이 없어요, 하루 종일, 아니 밤까지 예약이 되어 있어요. W 박사를 보내겠습니다. 당신은 나를 의지하면 안 돼요." 그러므로 여기엔 분석가의 시간이 다른 사람들의 것이라는 암시가 분명히 담겨 있었다. 환자는 이렇게 말했다. "나는 그 말에 대해 일언반구도 하지 않았지만 그 말이 전날 밤에 나를 갖고 놀았어요." 따라서 그녀에겐 삼켜야 할 쓰디쓴 무엇인가가 있었던 셈이다. 분석가는 정말로 힘든 무슨 일인가를 했고, 그것을 그녀는 한 사람의 합리적인 여자로서 충분히 잘 이해했지만 가슴으로는 이해하지 못했다. 잠자리에 들기 전에 그녀는 "그를 괴롭혀서는 안 돼. 조금 시간이 지나면 그걸 머리로 충분히 이해하게 될 거야." (꿈에서 정말로 그녀의 머리를 박는 일이 벌어졌다.) "나의 가슴이 돌처럼 냉철하지 않다면, 나는 울고 말았을 거야." (그녀는 돌로 머리를 박는 꿈을 꿨다.)

그 앞의 꿈에서처럼, 분석가가 더 이상 그녀를 돕지 않을 것이라는 말이 나온다. 분석가는 자신의 결정을 그녀의 머릿속으로 박아 넣고 있다. 그래서 돌에 맞을 때마다 그녀의 가슴은 점점 더 갑갑해진다. 그러므로 그날 밤의 상황이 명백한 꿈 내용에 너무도 분명하게 반영되고 있다. 그런 경우에 우리는 그 전날의 상황에 새로운 요소가 더해지는 대목이 어딘지를 찾아내려고 노력해야 한다. 바로 그 지점에서 꿈의 진정한 의미를 파고들 수 있을 것이다.

고통스런 것은 분석가가 더 이상 환자를 치료하지 않는 것이지만, 꿈에서 그녀는 새롭고 별난 방법으로 치료를 받는다. 분석가는 그녀와의 대화로 고문당하는 것을 피하기 위해 새로운 방법을 그녀의 머릿속으로 직접 박아 넣으면서 치료에 아주 단호하게 나선다. 그 결과, 그의 심리치료는 극단적인 형태의 육체적 치료 또는 고문으로 변해 버린다. 이것이 어떤 소망을 성취시켜 주는데, 이 소망은 매우 자연스럽고 단순한 생각임에도 불구하고 너무나 충격적이기 때문에 품위 있는 낮의 빛 속에서는 인지되지 못한다. 전문가들이나 상담실의 비밀을 비꼬는 대중의 유머와 독설은 그런 소망을 잘 알고 있다. 메피스토펠레스[20]는 '파우스트'에서 의학에 관해 한 그 유명한 말[21]에서 그것을 짐작했다. 그것은 아무도 모르지만 모두가 품고 있는 그런 불멸의 생각 중 하나이다.

환자는 잠에서 깨어나서도 분석가가 여전히 그 행동을, 돌로 머리를 박는 일을 계속하고 있는 것을 보았다. 어떤 행동에 대해 두 번 언급한다는 것은 곧 그것을 특별히 돋보이게 하는 것이다. 이전의 꿈에서처럼, 소망 성취는 바로 큰 실망에 있다.

이 대목에서, 여자 환자의 꿈에서 나 자신의 터무니없는 공상을 읽어내고 있다는 반대 의견이 제시될 수 있다. 이런 반대에 프로이트 학파는 너무나 익숙하다. 아마 존경 받고 있는 나의 동료 프린스는 내가 그런 불순한 생각을 자신의 환자에게로 돌리는 것에 분개를 느끼거나, 아니면 적어도 내가 불충분한 암시를 근거로 그런 대담한 결론을 끌어내는 것이 부당하다고 느낄 것이다.

나는 옛날 과학의 관점에서 보면 이 같은 결론이 경박하다

....
20 독일의 전설에 나오는 악마로, 그 기원은 파우스트 전설이다.

21 "여자 다루는 법을 배우도록 하게. 꼭 그렇게 하게. 여자들은 온갖 고통과 한숨으로 부드러운 섹스에 성가시게 굴지. 의사는 치료할 작은 부위를 알고 있다네. 병상의 환자를 대하는 의사의 태도가 여자들의 마음을 편안하게 만든다네. 그러면 그들은 당신이 하는 대로 된다네."('파우스트' 1부 중에서)

는 것을 잘 알고 있다. 그러나 이와 비슷한 수많은 경험들은 앞에 제시된 자료 정도라면 나의 결론을 충분히 뒷받침한다는 점을 보여준다. 아마 지금까지 제시된 자료는 매우 엄격한 기준으로 봐도 나의 결론을 충분히 입증한다.

정신분석 경험이 전혀 없는 사람들은 에로틱한 소망이 얼마나 빈번하게 나타나는지에 대해 절대로 알지 못한다. 에로틱한 소망이 나타나지 않는 꿈이 오히려 더 드물다. 에로틱한 소망이 없다는 착각은 당연히 섹스를 무시하는 도덕적인 태도 때문이지만, 다른 한편으론 의식이 정신의 전부라고 생각하는 재앙적인 실수 때문이다. 물론 이것은 존경 받는 우리의 저자에겐 해당되지 않는다.

그래서 나는 독자들에게 간청하고 싶다. 제발 도덕적 분개 같은 것은 품지 말아 달라고, 또 차분하게 증거를 근거로 입증하는 일에 관심을 기울여 달라고 말이다. 과학은 당연히 그래야 한다. 독일 과학의 대변자들이 정신분석 학파와 논쟁을 벌일 때 동원하는 무기, 즉 분개나 조롱, 비방, 협박 등은 과학이 할 일이 절대로 아니다.

꿈의 에로틱한 의미를 최종적으로 결정할 잠정적 자료를 모두 제시하는 것은 저자의 의무이다. 저자가 이 꿈에서 그렇게 하지 않았지만, 필요한 모든 것은 이어지는 꿈들에 간접적으로 드러나고 있다. 그래서 앞에서 언급한 나의 결론은 그것만 외따로 동떨어져 있는 것이 아니며, 일관된 체인의 한 연결고리로 확인될 것이다.

꿈 #4. [마지막 꿈이 있기 직전에 환자는] 넓은 무도장 안에 있는 꿈을 꾸었다. 거기엔 모든 것이 아름다웠다. 그녀가 이리저리 걷고 있는데, 어떤 남자가 그녀 앞에 나타나 "에스코트하는 남자는 어디 있죠?"라고 물었다. 그래서 그녀는 "혼잔데요."라고 대답했다. 그러자 그 남자가 말했다. "여기 있으면 안 됩니다. 여자 혼자선 여기 있을 수 없어요." 다음 장면에서 그녀는 극장에 있었으며 거기서도 자리를 잡으려 하고 있었다. 그때 누군가가 그녀에게 다가와 똑같은 말을 했다. "여기 있을 수 없습니다. 여자 혼자선 여기 있을 수 없어요." 이어서 그녀는 많은 곳을 찾았지만 가는 곳마다 혼자라는 이유로 거길 떠나야 했다. 거기 있는 사람들이 그녀를 있게 하지 않았기 때문이다. 그래서 그녀는 거리로 나섰다. 군중이 있었는데, 그녀의 앞으로 남편이 보였다. 그녀는 군중을 헤치고 남편 쪽으로 다가서려 했다. 남편에게 꽤 가까이 다가갔을 때, 그녀는 … [프린스의 말을 빌리면 행복의 표현이라고 해석할 만한 것을] 보았다. 이어서 구토와 메스꺼움이 그녀를 괴롭혔으며, 그녀는 어디에도 자신이 있을 곳은 없다고 생각했다.

꿈 이야기 속에 …로 처리한 부분은 분별 있는 조치로 여겨지고 또 고상한 척 구는 독자들을 만족시킬 수 있을지는 몰라도, 과학은 아니다. 과학은 그런 식으로 체면을 고려하는 것을 허용하지 않는다. 여기서 중요한 것은 욕을 듣는 프로이트의 꿈 이론이 옳은지 여부이다. 꿈의 내용이 미숙한 귀에 좋게 들리는지 여부가 중요한 것이 아닌 것이다. 산부인과의사가 산파술에 관한 교과서에서 체면을 이유로 여자 생식기 사진을 빼야 하는가? 이 분석의 164페이지를 보면 이렇게 되어 있다. "이 장면을 분석하다 보면 그녀의 삶의 은밀한 곳으로, 정당화될 수 없을 만큼 깊이 들어가게 된다."

그렇다면 저자는 이런 상황에서도 정신분석의 꿈 이론에 대해 말할 권리를 누린다고 진정으로 믿고 있는 것인가? 체면을 이유로 근본적인 자료를 독자들에게 제시하지 않으면서도? 환자의 꿈을 세상에 보고한다는 사실 자체만으로, 그는 이미 신중한 태도를 내팽개친 것이나 다름없다. 모든 분석가가 그 자료만 보고도 이미 그 의미를 당장 파악할 것이기 때문이다. 또 꿈을 꾼 사람이 본능적으로 숨기고 있는 그것이 무의식에서 아주 크고 깊은 소리로 외치고 있기 때문이다. 아무리 주의해 봐야 꿈 상징을 읽는 방법을 아는 사람에겐 아무 소용이 없다. 진실이 저절로 드러나기 때문이다. 그래서 우리는 저자에게 다음번에는 발가벗겨도 무방한 그런 환자를 선택할 것을 요구한다.

프린스가 의료인으로서 분별 있게 처신하려고 노력하고 있음에도, 이 꿈 역시 하나의 소망 성취이며, 그런 식으로 이해가 가능하다. 꿈의 결말은 위장하고 있음에도 불구하고 환자가 남편과의 성관계에 맹렬히 저항하고 있음을 보여주고 있다. 나머지는 모두 소망 성취이다. 그녀가 사회적으로 다소 정상의 길을 벗어나 있는 "외로운 여인"이 되고 있는 것이다. 고독감("그녀는 더 이상 혼자 지내지 못하겠다고 느끼면서 동행을 둬야겠다고 생각한다")은 다음과 같은 모호한 상황에 의해 적절히 해소되고 있다. "고독한 여자들"이 가는 곳마다 받아들여지지 않음에도 생각하는 것만큼 외롭지는 않다는 점이다.

이 같은 소망 성취는 당연히 아주 강력한 저항에 봉착하게 되어 있다. 속담처럼 궁해지면 악마가 파리라도 잡아먹는다는 것이 분명해질 때까지, 저항은 계속될 것이다. 의식적인 마음에 더없이 불편하게 느껴지는 이런 식의 해석은 무의식에는 완벽하게 받아들여지는 것 같다.

이 연령의 환자의 내면에서 신경증의 심리가 어떤지를 알아야 한다. 정신분석은 사람을 실제 모습 그대로 받아들일 것을 요구한다. 사람을 겉모습으로 받아들일 것을 요구하지 않는다. 대다수의 사람들이 자신의 참모습이 아닌 다른 모습이 되길 원하고, 따라서 자신의 눈앞에 어른거리는 의식적 혹은 무의식적 이상(理想)과 자신이 동일하다고 믿는다. 개인은 자신에 대해 실제 모습과 다르게 느낀다는 사실과 별도로 처음부터 집단 암시에 의해 눈이 어두워져 있다. 그런데 이 원칙은 자신 외에 다른 사람들에게만 적용되는 그런 특이성을 갖고 있다.

나는 이 같은 사실의 역사적 및 일반적 의미를 이전의 어느 논문[22]에서 설명했다. 그렇기 때문에 여기서는 이 문제에 대해 논의하는 것을 삼갈 생각이다. 다만, 정신분석을 실시

....
22 '변형의 상징'(Symbols of Transformation)을 말한다.

하기 위해선 자신의 도덕적 개념들을 전면적으로 수정해야
한다는 점을 강조하고 싶다. 그것은 정신분석이 진정으로 진
지한 사람에게 오직 점진적으로만, 그것도 매우 어렵게 이해
될 수 있는 이유를 설명해 주는 하나의 조건이다. 정신분석
은 지적 노력을 요구할 뿐만 아니라, 어떻게 보면 정신분석
방법의 의미를 이해하려는 도덕적 노력을 더 많이 요구한다.
왜냐하면 정신분석이 진동마사지나 최면 같은 의료적 방법
에서 그치는 것이 아니라 그것보다 훨씬 더 폭넓은 그 무엇
이기 때문이다. 그것을 우리는 얌전하게 "정신분석"이라고
부른다.

꿈 #5. 그녀는 어둡고 음침하고 바위가 많은 곳을 힘들게 걸
고 있었다. 그녀가 꿈 속에서 언제나 하던 것처럼, 여기서
도 바위 오솔길을 걸었다. 그러다 어느 순간 그곳이 고양이
로 가득 찼다. 그녀는 겁에 질려 돌아가려고 몸을 돌렸다. 그
런데 그녀가 걸어온 오솔길에 숲속의 야생 인간 같은 무서
운 생명체가 버티고 서 있었다. 머리카락이 얼굴과 목을 덮
고 있었다. 그는 일종의 가죽 같은 것으로 전신을 가리고 있
었다. 다리와 팔은 맨살이었고, 곤봉을 쥐고 있었다. 야생적

인 형상이었다. 그의 뒤로 그와 비슷하게 생긴 남자들이 수백 명 있었다. 그곳 전체가 남자들로 가득했다. 그래서 앞에는 고양이가 뒤에는 야생 사람들이 와글거리는 상황이었다. 그 남자가 그녀에게 고양이를 뚫고 앞으로 나아가야 한다고 일러줬다. 그러면서 만약에 그녀가 소리를 지르면 그들 모두가 그녀에게로 달려들어 질식시켜 버릴 것이라고 했다. 그러나 소리를 내지 않고 고양이 사이를 뚫고 나아가면, 그녀가 과거에 대해 후회하는 일은 절대로 없을 것이라고 말했다. … [그녀를 힘들게 한 Z 콤플렉스와 Y 콤플렉스로 알려진 두 가지 특별한 관념을 포함했던 어떤 구체적인 일들에 대해 언급하면서, 라고 저자는 덧붙인다.] 그녀는 야생의 남자들로부터 죽음을 당할 것인지, 고양이들을 밟고 앞으로 나아갈 것인지를 선택해야 하는 상황이라는 것을 깨닫고 앞을 향해 출발했다. 이제 꿈속에서 그녀는 고양이들을 밟아야 한다[이 대목에서 환자는 몸을 떨며 전율한다]. 비명을 지르면 야생의 남자들이 그녀를 덮칠 것이라는 사실을 알고 있는 터라, 그녀는 꿈속에서 목의 근육을 최대한 수축시키려 애썼다. [근육은 실제로 수축되었으며, 프린스도 그걸 느낄 수 있었다고 말한다.] 그녀는 소리를 지르지 않고 고양이들 사이를 뚫고 나아갔다. 그런 다음에 그녀는 어머니를 보고는 어머니에게 말을 걸려고 애썼다. 그녀는 손을 뻗으며 "엄마!"라고 부르려 했으나 말이 나오지 않았다. 그러다 그녀는 잠에서 깨어나면서 메스꺼움을 느끼고, 놀라고, 피로를 느꼈으며, 땀으로 흠뻑 젖은 것을 느꼈다. 잠에서 깨어나 말을 하는데도, 그녀의 입에선 속삭임밖에 나오지 않았다. [각주를 보면 "그녀는 실성증(失聲症) 상태에서 잠을 깼으며, 이 증상은 적절한 암시를 통해 풀 때까지 계속되었다."]

꿈을 꾼 사람이 최종적으로 고양이를 밟고 걸었다는 이유로, 프린스는 이 꿈을 부분적으로 소망 성취로 보고 있다. 그러나 그는 이렇게 생각한다. "꿈은 그녀의 전반적인 인생관을, 그녀가 고취하려고 노력하고 행복을 추구하기 위해 실천하려 하는 도덕적 가르침들을 상징적으로 표현하고 있는 것 같다."

꿈에 대해 아는 사람이라면 누구나 볼 수 있듯이, 그것은 이 꿈의 의미가 아니다. 이 꿈은 전혀 분석되지 않았다. 우리는 단지 환자가 고양이에 대한 공포증을 갖고 있다는 이야기만 듣고 있다. 그것이 무엇을 의미하는지에 대한 분석이 없다. 고양이를 밟는 것에 대한 분석도 없다. 가죽을 덮어쓰고 있는 야생 남자도 분석되지 않았다. 가죽과 곤봉에 대한 분석도 전혀 없다. 에로틱한 기억인 Z와 Y에 대한 설명도 없다. 실성증의 의미도 분석되지 않았다. 처음에 등장하는 바위투성이 오솔길만 약간 분석되고 있다.

그 오솔길은 왓츠의 그림 '사랑과 삶'에서 비롯되고 있다. 여성의 형상(삶)이 바위투성이 오솔길을 지친 듯 억지로 걸어가고 있고, 사랑의 형상이 동행하고 있다. 꿈속의 이미지는 이 그림과 정확히 일치한다. 프린스가 말하듯이, "사랑의 형상이 없는 것만 다르다". 대신에 꿈속엔 고양이들이 있다. 이는 고양이들이 사랑을 상징한다는 의미이다. 프린스는 이것을 보지 않았다. 그가 문헌을 연구했다면, 그도 고양이 공포증을 다룬 나의 초기 글을 발견했을 것이다. 거기서 그는 이 같은 결론에 관한 정보를 얻었을 것이고, 그랬다면 이 꿈과 고양이 공포증을 동시에 이해할 수 있었을 것이다.

나머지에 대해 말하자면, 이 꿈은 전형적인 불안 꿈이다. 따라서 프린스가 불안의 원인을 성욕에서 찾는 프로이트의 이론이 틀렸다는 점을 우리에게 증명하지 못한다면, 이 꿈은 성적 이론의 관점에서 봐야 한다. 프린스가 분석을 거의 하지 않다시피 했기 때문에, 나는 이 꿈에 대한 추가 논의는 피할 것이다. 그럼에도 이 꿈은 매우 명확하고 멋지다. 나는 단지 환자가 증후(실성증)를 불러내는 데 성공했으며, 이 증후가 그녀의 짐작대로 분석가의 관심을 다시 끌었다는 점을 지적할 것이다. 제대로 하지 않은 분석을 바탕으로 꿈 이론을 비판하지 못하는 것은 너무도 자명하다. 그런데도 독일 비평가들이 정신분석 학파를 비판하는 방식이 꼭 그렇다.

꿈 #6. 이 꿈은 이틀 밤 연속해서 꾼 내용이다. 그녀는 언제나처럼 똑같이 바위투성이인 어두운 오솔길에 있었다. 왓츠의 오솔길이었다. 그러나 양 옆에 나무들이 있다(그녀의 꿈에는 언제나 나무나 언덕, 계곡이 나온다). 바람이 거세게 불고 있었다. 그녀는 언제나처럼 무엇인가 때문에 거의 걸을 수 없다. 그때 누군가가 그(혹은 그녀)의 눈을 가리며 튀어나왔다. 이 형상이 말했다. "보지 마라. 내 말을 듣지 않으면 눈을 잃게 될 거야." 그녀는 커다란 동굴 입구에 있었다. 동굴 안에서 갑자기 번갯불 같은 불빛이 일어났다. 거기 아래 바닥에 당신이 누워 있었다. 당신은 밧줄로 사방으로 묶여 있었다. 옷은 찢겨 있었고 지저분했다. 얼굴은 피범벅이 되어 있었다. 당신은 무서울 만큼 고통에 찬 모습이었다. 당신 위로 난쟁이들이 수백 명 있었으며, 그들이 당신을 고문하고 있었다. 그들 중 일부는 도끼로 당신의 다리와 팔을 찍고 있었으며, 일부는 당신을 톱으로 베고 있었다. 수백 명의 난쟁이들은 향(香) 같은 것을 갖고 있었으며, 향의 끄트머리는 벌겋게 타고 있었다. 난쟁이들은 그 향으로 당신을 지지고 있었다. 그것은 걸리버와 비슷했으며, 난쟁이들은 그의 위를 달리고 있었다. 당신은 C를 보고는 "오, C 부인, 제발 나를 이 구멍에서 구해주시오."라고 말했다. (당신은 C의 꿈에서 언제나 맹세를 한다.) 그녀는 공포에 떨며 "오, 프린스 박사님, 제가 갈 게요."라고 말하지만 움직이지 못한다. 그녀는 거기에 뿌리를 박고 있었다. 그런 다음에 모든 것이 사라지고, 모든 것이 검정으로 변했다. 마치 그녀가 맹인이 된 것처럼. 그러다 다시 섬광이 번쩍이며 동굴을 밝힌다. 그녀는 다시 앞을 볼 것이다. 이런 일이 꿈에서 서너 번 일어났다. 그녀는 계속 "제가 갈 게요."라고 말하면서 움직이려 애를 쓰다가 그 말을 다시 하면서 잠에서 깨어났다. 그녀는 잠에서 깨어나서 꿈에서와 똑같이 움직이지 못했고 앞을 보지도 못했다.

저자는 "독자들을 지치게 하지 않기 위해" 이 꿈을 분석한 세부사항에 대해 보고하지 않고 있다. 저자는 단지 다음과 같은 개요만 제시하고 있다.

꿈은 여러 가지를 상징적으로 나타내는 것으로 드러났다. 인생에 대한 인식(바위투성이 길), 몇 년 동안 감히 직시하지 못한 미래에 대한 두려움, 또 그녀가 "앞에 있는 것을 하나도 볼 수 없다"는 점에서 미래가 "깜깜하다"는 느낌이 꿈에 표현되었다. 그녀가 미래를 들여다보고 그것이 어떤 것인지를 알게 되면, 압도되어 "길을 잃거나" "씻겨 나가 버릴" 것이라는 생각, 그래서 그녀는 앞을 보지 말아야 한다는 생각도 나타나고 있다. 그럼에도 삶에는 그녀가 미래를 생생하게 느끼게 되는 순간들이 있다. 이 꿈에서 그녀가 동굴(미래)을 들여다보자 섬광 속에 현실이 드러나는 때가 그런 순간 중 하나이다. 그녀는 거기서 자기 아들(또 다른 사람과의 치환을 통해서 변형이 이뤄졌다)이 고문을 당하고 있고 삶의 도덕적 "제약"에 손발이 묶여 있다. 그런 다음에 아들이나 다른 사람을 돕는 것도 불가능하고 그녀 자신의 삶의 조건을 변화시키는 것도 불가능한 상황을 상징적으로 표현하는 내용(마비)

이 따른다. 마지막으로, 이 깨달음의 예언적 결과가 나온다. 그녀는 앞을 보지 못하게 되는데, 이 점에서 보면 이 꿈은 두려움의 성취이다.

저자는 결론으로 이렇게 말한다. "이 꿈에서도 다른 꿈들에서와 마찬가지로 '받아들일 수 없거나 억눌린 소망'은 전혀 보이지 않고, '검열관의 역할을 하는 생각과의 갈등'도 전혀 보이지 않고, '타협'도, '저항'도, 꿈을 꾸는 사람을 속이기 위해 꿈 내용을 '위장하는 것'도 보이지 않는다. 프로이트 학파가 주장하는 이론의 근본적인 요소와 과정이 나타나지 않는 것이다."

이 엉성한 판단 중에서, '다른 꿈들에서와 마찬가지로'라는 부분을 지워야 한다. 다른 꿈들이 대단히 부적절하게 분석되었기 때문에, 저자는 앞에 제시한 "분석"을 근거로 그런 판단을 내릴 자격이 없다. 오직 마지막 꿈만 이 같은 판단의 대상이 될 수 있을 뿐이다. 따라서 이 꿈을 보다 세밀하게 들여다볼 생각이다.

끊임없이 나타나고 있는 왓츠 그림의 상징에 대해서는 오래 생각하지 않을 것이다. 왓츠의 그림 중 사랑의 형상은 사라지고 없으며, 그 자리를 꿈 #5에서 고양이들이 대신했다. 이 꿈에서 사랑의 형상은 환자에게 보지 말라고 경고하는 어떤 형상으로 대체되고 있다. 이 형상이 그녀가 볼 경우에 "맹인"이 될 것이라고 말한다.

이제 매우 두드러진 또 다른 이미지가 나타난다. 밧줄에 묶여 있는 분석가이다. 그의 옷은 찢어지고 지저분하며, 얼굴은 피로 얼룩져 있다. 꼭 걸리버가 처한 상황이다. 프린스는 그것이 이런 고통스런 상황에 처한 환자의 아들이라고 말하지만 추가적인 정보는 제시하지 않고 있다. 밧줄과 피 터진 얼굴, 찢어진 옷이 어디서 비롯되었는지, 걸리버의 상황이 의미하는 바가 무엇인지, 이런 모든 것에 대해서 우리는 아는 것이 전혀 없다.

환자가 "미래를 들여다보지 말아야 하기" 때문에, 동굴은 미래를 상징한다고 프린스는 말한다. 그러나 미래가 동굴로 상징되어야 하는 이유는 무엇인가? 이 질문에 대해 저자는 침묵하고 있다. 분석가가 아들로 대체된 이유는 무엇인가? 프린스는 환자가 아들의 상황과 관련해 무력감을 느꼈다고 언급하고, 그녀는 분석가와 관련해서도 감사를 표현하는 방법을 모르기 때문에 마찬가지로 무력하다고 관찰한다. 그러나 이 두 가지 무력감은 성격이 완전히 다르다. 따라서 무력감은 두 사람의 압축을 충분히 설명하지 못한다. 근본적이고 명백한 어떤 '제3의 비교기준'이 결여되어 있다. 걸리버와 비슷한 상황의 모든 세부사항, 특히 벌겋게 타는 향들이 분석되지 않은 그대로 남아 있다. 분석가가 지독한 고문에 시달리고 있다는 매우 의미 있는 사실도 완전 침묵 속에 간과되고 있다.

세 번째 꿈에서 분석가가 환자의 머리를 돌로 때린다. 이 고문에 대한 대답이 이 꿈에서 보이는 것 같지만 무서운 복수의 공상으로 부풀려졌다. 틀림없이 이 고문은 환자가 고안한 것이며 바로 그녀의 분석가(또한 그녀의 아들)를 향하고 있다. 이것이 이 꿈이 말하는 바이다. 이 사실도 분석할 필요가 있다. 만일 아들이 정말로 "삶의 도덕적 요구에 의해 고문당하고" 있다면, 환자가 이 꿈에서 고문을 백배나 심하게 가하고 아들(혹은 분석가)이 걸리버의 상황에 처하게 하고 그런 다음에 걸리버를 "지긋지긋한 구멍" 안에 넣는 이유를 알아내야 한다. 분석가가 꿈들에서 맹세를 하는 이유는 무엇인가? 실제로 보면 상황이 정반대인데, 환자가 분석가의 입장이 되어서 도움을 줄 수 없다고 말하는 이유는 무엇인가?

여기서 길은 소망 성취 상황으로 이어진다. 그러나 저자는 이 길을 밟지 않았다. 그는 자신에게 이런 질문들을 묻는 것을 간과하거나 지나치게 피상적으로 대답하고 있다. 그래서 이 분석은 "불만족스런" 수준으로 평가받을 수밖에 없다.

이것으로, 꿈 이론에 대한 비판을 떠받치고 있던 마지막 버팀목마저 무너진다. 꿈 이론에 대해 비판하길 원하는 사람이라면 누구든 이 이론의 창설자만큼 엄밀하게 조사를 실시해야 한다. 적어도 꿈의 핵심적인 사항에 대해 설명할 수 있어야 한다. 그러나 지금까지 보았듯이 저자의 분석에서 가장 중요한 항목들이 그냥 간과되고 있다. 정신분석을 시도해 본 사람이라면 누구나 잘 알고 있듯이, 무슨 요술을 부리듯이 모자 밑에서 정신분석을 끄집어낼 수는 없다.

* * *

어니스트 존스가 모턴 프린스의 논문에 대해 통렬하게 비판한 내용을 본 것은 내가 이 리뷰의 결론을 내린 뒤의 일이다. 프린스의 대답을 통해서 우리는 그가 정신분석 방법을 이용하지 않았다고 주장하는 것을 알게 되었다. 그런 경우라면 나의 판단엔 프린스가 정신분석의 발견들에 대한 비판을 삼가야 했다고 생각한다. 앞의 예들이 보여주듯이, 그의 분석적 방법은 과학적 정확성을 너무나 많이 결여하고 있다. 따라서 그가 내린 결론은 프로이트의 꿈 이론을 진지하게 비판할 근거를 전혀 제시하지 못하고 있다. 정신분석 학파와 견해가 일치하는 일은 결코 없을 것 같다는 그의 언급 때문에, 나는 꿈 심리학의 문제들을 그에게 추가로 설명하거나 그의 대답에 대해 논하지 않을 것이다. 다만 그가 반대자들의 과학적 훈련과 과학적 사고를 부정할 수 있을 만큼 스스로를 연마하지 않았다는 사실에 대해서만 유감의 뜻을 표하고 싶다.

5장

정신분석에 관하여(1912)[*]

* <Concerning Psychoanalysis>

편집자님께

'노이에 취르허 차이퉁'(Neue Zürcher Zeitung)에 실린 일련의 기사의 에필로그[23]를 나에게 써달라고 부탁한 데 대해 감사의 뜻을 전합니다. 그런 에필로그라면 정신분석 학파가 확보했다고 판단하는데도 맹렬한 공격의 대상이 되고 있는 과학적 진리를 옹호하든가, 아니면 정신분석 학파의 과학적 자질을 옹호하는 글이 될 수밖에 없을 것입니다. 후자 쪽

....
23 '노이에 취르허 차이퉁'이 정신분석을 둘러싸고 찬반 논쟁을 벌인 뒤에 현대 심리학에 대한 오해와 편견이 심하다고 판단하고 칼 융에게 에필로그 형식으로 청탁한 글이다.

의 글은 훌륭한 취향에 반하고 따라서 과학에 이바지하기로 결정한 사람들에게 아무런 가치를 지니지 못합니다. 그러나 첫 번째 종류의 옹호는 오직 논의가 객관적인 형식을 취하고 또 거기서 제시되는 논거가 문제를 이론적으로뿐만 아니라 실질적으로 깊이 연구한 결과에서 나온 것일 때에만 가능합니다. 이런 종류의 논쟁이라면 나는 반대자들과 언제든 벌일 준비가 되어 있습니다. 물론 사적으로 하는 것을 더 좋아하지만, 나는 과학 잡지를 통해 공개적으로도 그런 논쟁을 벌여 왔습니다.

그러나 나는 다음과 같은 성격의 과학적 비판에는 대꾸하지 않습니다. "정신분석 방법이 도덕적으로 위험하기 때문에 틀렸다"거나 "프로이트 학파가 단언하는 사실들은 존재하지 않고 단지 이 학파 연구원들의 병적인 공상에서 나온 것에 지나지 않으며, 그 사실들을 발견하는 데 이용된 방법은 그 자체로 논리적으로 틀렸다"는 식의 비판은 나의 관심 밖입니다. 어느 누구도 실제로 확인하지 않고는 어떤 사실이 존재하지 않는다고 단언하지 못합니다. 현재 학계의 태도가 그러하며, 그 문제를 놓고 논의하는 것은 시간 낭비일 뿐입니다.

진리를 선전하고, 진리를 슬로건으로 옹호하는 것은 나의 정서와 맞지 않습니다. 정신분석 학회와 스위스 정신의학 학회를 제외하곤, 나는 지금까지 상대방이 먼저 요청해오지 않은 대중 강연을 한 적이 없습니다. 마찬가지로, '라셔의 연감'(Rascher's Yearbook)에 실린 나의 논문도 에디터인 콘라트 팔케(Konrad Falke)의 요청으로 쓴 것입니다.

나는 나 자신을 대중 앞에 내세우지 않습니다. 따라서 나는 야만적인 논쟁을 벌이기 위해 과학적 진리 편에 서서 투기장으로 들어가지 않을 것입니다. 정신분석이 직면하고 있는 편견과 끝없는 오해는 분명히 오랫동안 과학적 지식의 발달과 전파를 막을 것입니다. 어쩌면 이것은 군중 심리 때문에 피할 수 없는 것일 수 있으며, 우리도 거기에 따르는 수밖에 없습니다.

만약 이 진리가 스스로를 대변하고 나서지 않는다면, 그것은 진리로서 별로 훌륭하지 않을 것이며 따라서 사라지는 것이 차라리 더 나을 것입니다. 그러나 만약 이 진리가 인간의 내면에 반드시 필요한 것이라면, 어쨌든 그것은 제 길을 찾아 앞으로 나아갈 것이며, 전투 구호나 사기를 북돋우는 북소리가 없어도 전혀 상관하지 않는 가운데 최종적으로 진솔하게 생각하고 현실 감각을 가진 사람들의 가슴 속으로 파고들 것입니다. 그러면 이 진리는 우리 문명의 기본적인 요소가 될 것입니다.

많은 정신분석 글에서 불행하게도 큰 비중을 차지하고 있는 성적인 부분을 놓고 정신분석 자체를 탓하는 것은 말이 되지 않습니다. 매우 정확하고 신중한 의료적인 작업이 이런 불편한 공상을 겉으로 드러내고 있을 뿐입니다.

이처럼 간혹 혐오감을 불러일으키고 사악하기까지 한 것이 존재한다는 사실에 대한 비난은 당연히 우리 인간의 성적 도덕의 허위로 돌려져야 합니다. 정신분석적 교육 방법이 단순히 성에 대해 심리학적으로 논의하는 것만으로 이뤄진 것이 아니라 일상의 모든 영역을 다루고 있다는 식의 설명은 지적인 사람에겐 필요조차 하지 않습니다. 내가 '라셔의 연감'에서 강조한 바와 같이, 이런 교육의 목적은 사람이 열정에 무력하게 휘둘리도록 하는 것이 아니라 삶을 건전하게 살아가는 데 필요한 자제력을 얻도록 하는 것입니다.

프로이트와 나의 주장에도 불구하고, 우리의 반대자들은 정신분석 학파가 "부도덕"을 묵인하길 바라고 있으며 우리가 하는 말과 상관없이 우리가 부도덕을 지지한다고 단언하고 있습니다. 신경증 이론, 다시 말해 성 이론 또는 리비도 이론도 마찬가지입니다.

몇 년 동안 나는 강연이나 글을 통해 리비도라는 개념은 종(種)의 보존 같은 본능보다는 매우 일반적인 의미로 받아들여져야 한다는 점을 지적해 왔습니다. 또 정신분석 용어에서 리비도는 "국지적으로 일어나는 성적 흥분"을 의미하는 것이 아니라 자기보존의 범위를 넘어서 모든 노력과 의지를 의미한다는 것을 늘 강조했습니다. 리비도는 바로 그런 의미로 쓰이고 있습니다. 나는 또 최근에 어느 방대한 책에서 일반적인 질문에 대한 견해를 밝혔습니다만 우리의 반대자들은 우리의 관점이 그들 자신 만큼이나 "전반적으로 성적"이라고 선언하고 있습니다.

정신분석 학파의 심리학적 관점을 설명하려는 노력은 꽤 쓸데없는 짓입니다. 반대자들이 이론 자체를 평범하기 짝이 없는 것으로 여기며 쓰레기통에 처박아 버리길 원하기 때문이지요. 이런 위압적인 강요 앞에서, 나는 무력감을 느낍니다. 나는 다만 밤과 낮을 혼동하는 식의 어떤 오해 때문에 많은 사람이 정신분석의 특별한 통찰을 각자의 도덕적 발달에 이용할 길을 차단 당하고 있는 데 대해 절망감을 표현할 수 있을 뿐입니다. 마찬가지로, 나는 많은 사람이 아무 생각 없이 정신분석을 무시함으로써 인간 영혼의 심오함과 아름다움을 들여다볼 기회를 놓치고 있는 것을 안타깝게 생각하고 있습니다.

합리적인 사람이라면 어느 누구도 과학적 연구를 진리를 호도할 목적으로 악용하는 무책임한 사람이 많은 데 대한 책임을 과학적 연구와 그 결과의 탓으로 돌리지 않을 것입니다. 지성을 갖춘 사람이라면 인류에게 유익한 어떤 방법을 실행하면서 저지르게 되는 실수와 불완전함의 탓을 그 방법 자체로 돌릴 수 있을까요?

외과 수술은 정말 매우 위험한 임무입니다. 바보의 손에 맡겨질 때 특히 더 위험합니다. 어느 누구도 미숙한 외과 의사에게 수술을 맡기려 하지 않을 것이며 맹장 수술을 이발사에게 맡기려 하지 않을 것입니다. 정신분석도 마찬가지이지요. 정신분석을 무책임하게 다루려 드는 사람 중에 미숙한 정신과의사만 있는 것이 아니라 보통 사람도 있다는 점을 부정하지 못합니다. 오늘날에도 여느 때처럼 부적절한 의사와 돌팔이가 있는 것이나 마찬가지이지요. 그러나 이 같은 사실이 과학과 방법, 연구, 의사를 한꺼번에 싸잡아 비난하는 것을 정당화하지 못합니다.

　편집자님. 너무나 자명한 이런 진리를 갖고 당신과 당신 잡지의 독자들을 괴롭힌 것을 유감으로 생각합니다. 그래서 서둘러 마무리할까 합니다. 이 글에 격한 대목이 있었다면 용서해 주시길 바랍니다. 그러나 자신의 정직한 과학적 노력을 폄하하려 드는 행태 앞에서 아픔을 느끼지 않을 만큼 여론을 초월할 수 있었던 사람은 지금까지 아마 한 사람도 없었을 것입니다.

6장

정신분석과의 인연에 관하여 (1913)

* <Some Crucial Points in Psychoanalysis: A Correspondence Between Dr. Jung and Dr. Loy>

'카타르시스 과정의 적용 가능성'을 묻는 당신의 질문에, 나 자신이 채택하고 있는 관점을 밝히는 것으로 그 대답을 갈음 할 수 있을 것 같다. 도움이 되는 과정이면 어떤 것이든 유익 하다는 것이 나의 신념이다. 그래서 나는 크리스천 사이언스 (Christian Science)[24]를 포함한 모든 암시 방법과 정신요법 을 인정한다. "진리도 효과를 발휘할 때 진리가 된다." 그럼 에도 과학적 훈련을 받은 의사가 암시가 간혹 매우 큰 효과

....
24 메리 베이커 에디(Mary Baker Eddy)가 1879년에 설립한 기독교 계통의 신흥 종교.

를 발휘한다는 이유로 루르드 성지[25]의 샘물을 병에 담아 파는 것이 의사의 양심에 반하는가 하는 문제는 또 다른 문제이다.

소위 대단히 과학적이라는 암시 치료조차도 주술사와 마귀 쫓는 무당의 도구를 이용하고 있다. 그런 걸 이용하지 않아야 할 이유가 있는가? 대중은 그다지 계몽되지 않은 상태에서 의사로부터 기적적인 치료를 계속 기대한다.

그렇다면 스스로 주술사의 아우라를 두르는 방법을 아는 의사들을 현명하다고 봐야 할 것이다. 세속적인 의미에서 현명하다는 뜻이다. 그런 의사들은 치료 활동도 활발하게 할 뿐만 아니라 치료 효과까지 낳는다. 이는 신경증과 별도로 수많은 육체적 질병이 정신적 요소에 의해 전염되고 악화되는 예가 놀랄 정도로 많기 때문이다. 의사 퇴마사는 그런 정신적인 요소를 완전히 이해하고 있다는 사실을 행동으로 보여 주고 있다. 의사 퇴마사가 환자에게 의사의 신비한 인격에 대한 믿음을 확실히 갖도록 하는 때, 그 같은 사실이 확인된다. 이런 식으로 의사 퇴마사는 아픈 사람의 마음을 사로잡

....
25 프랑스 피레네 산맥에 있는 마을로 19세기 중반에 성모 마리아가 발현했다는 이야기가 내려오고 있다.

고, 그러고 나면 환자의 정신은 의사가 환자의 육체적 건강을 회복시키는 것을 돕고 나설 것이다. 이때 의사가 자신의 치료 방식에 대해 믿음을 강하게 품고 있다면, 치료 효과가 아주 잘 나타난다. 그런 믿음을 품고 있지 않다면, 의사는 과학적 회의(懷疑)에 압도당하고 확신에 찬 목소리를 내지 못하게 될 것이다. 나도 최면을 이용한 암시 치료를 한동안 열정적으로 실시했다. 그러던 중 나에게 의문을 불러일으키는 사건이 3가지 일어났다.

어느 날, 주름이 쭈글쭈글한 여자 농부가 다양한 신경증적 문제로 힘들어 하다가 최면 치료를 받으려고 나를 찾아왔다. 나이는 56세였다. 그녀는 최면에 쉽게 걸리지 않았으며, 매우 초조해하고 두 눈을 뜨고 있었다. 그러나 내가 마침내 최면을 거는 데 성공했다. 30분 후에 깨우자, 이 여자 농부는 나의 손을 붙잡고 끊임없이 감사의 말을 쏟아냈다. 그래서 나는 "아직 치료가 전혀 이뤄지지 않았어요. 그러니 치료가 끝날 때까지 인사를 미루시지요."라고 했다. 그러자 그녀는 얼굴을 붉히며 이렇게 속삭였다. "병이 나았다는 뜻이 아니라, 선생님이 너무나 친절하게 해 주셔서 고맙다는 인사였어요." 그녀는 존경하는 눈빛으로 나를 쳐다본 다음에 상담실을 떠났다.

나는 그녀가 서 있던 곳을 한동안 응시했다. 너무나 친절하다고? 나는 당황스러워하며 스스로에게 자문해 보았다. 아니, 그렇다면 이 여자 환자가 그런 식의 치료를 상상하지 않았다는 뜻이겠지? 이 사건이 나로 하여금 처음으로 최면 치료에 의문을 품게 만들었다. 여성적인(당시엔 이것을 "동물적인"이라고 표현했다) 본능에 충실한 이 늙은 부인이 교과서의 과학적 이론을 배운 나보다 최면의 본질을 더 잘 이해하고 있는 것이 아닌가, 하는 의문이 든 것이었다. 이로써 나의 순수한 시절은 끝이 났다.

그 다음에 세파에 찌든 듯한 표정의 어머니와 함께 17세 소녀가 나를 찾아왔다. 상당히 예쁘고 요염하게 생긴 소녀였다. 그녀는 어릴 때부터 야뇨증(그녀는 이탈리아의 어느 교양학교에 가는 것을 피하기 위해 이를 이용했다)으로 힘들어 했다. 그녀를 보는 순간에 그 늙은 여자 농부의 지혜가 생각났다. 나는 소녀에게 최면을 걸려고 시도했다. 그녀는 발작적으로 웃음을 터뜨리다가 20분 동안 몽롱 상태에 빠졌다. 나는 성질을 죽이며 생각했다. '나는 네가 웃는 이유를 알고 있지. 넌 이미 나와 사랑에 빠졌어. 하지만 나는 네가

도발적인 웃음으로 나의 시간을 낭비한 데 대한 보상으로 내가 친절하다는 증거를 보여줄 거야.' 마침내 나는 그녀를 최면 상태로 빠뜨릴 수 있었다. 효과는 즉각 나타났다. 야뇨증이 멈췄고, 나는 그것을 근거로 소녀에게 수요일에 오지 말고 그 다음 토요일에 오라고 말했다.

토요일에 소녀가 시무룩한 표정으로 재앙을 예고하면서 상담실에 도착했다. 야뇨증이 다시 시작된 것이었다. 나는 현명한 여자 농부에 대해 생각하면서 물었다. "언제 다시 시작되었지요?" 그녀는 (아무런 의심을 하지 않으면서) "수요일 밤."이라고 대답했다. 그 대답을 듣고 나는 혼자 생각했다. '그러면 그렇지, 그날 우리가 만나기로 되어 있었지. 소녀는 내가 수요일에 자신을 치료해야 한다는 점을 증명해 보이려고 애쓰고 있어. 나를 일주일 내내 보지 않는 것은 사랑을 느끼는 부드러운 가슴에는 너무 가혹한 일이지.'

그러나 나는 짜증스런 로맨스를 도와줄 생각이 없었기에 그녀에게 "이 상황에서 치료를 계속하는 것은 잘못이에요. 야뇨증이 멈출 기회를 주기 위해서라도 3주일 동안 모든 치료를 중단해야 해요. 그런 다음에 상황을 보고 다시 오도록 해요."라고 말했다. 나의 저의는 그렇게 되면 내가 휴가를 떠날 것이고 자연스레 최면 치료도 끝나게 될 것이라는 계산이었다.

휴가를 끝내고 돌아오니, 나 대신에 일을 봤던 의사가 소녀가 와서 야뇨증이 사라졌다는 소식을 전했다고 일러주었다. 그런데 그녀가 나를 만나지 못한 데 대해 크게 실망하는 눈치였다는 것이었다. 그 늙은 여자 농부의 말이 옳다고 나는 생각했다.

세 번째 예는 암시 치료를 즐기던 나에게 결정타를 날렸다. 이 환자는 그야말로 한계점이었다. 65세인 부인이 목발을 짚고 발을 절뚝거리며 상담실로 들어왔다. 그녀는 17년 동안 무릎 관절 통증으로 고생했으며, 통증이 찾아올 때면 간혹 몇 주일씩 침대에 누워 지내야 했다. 그녀는 온갖 치료 방법을 다 해보았으나 어떤 의사도 그녀를 낫게 하지 못했다. 10분 정도 그녀가 사연을 털어놓도록 한 뒤, 나는 "최면을 걸도록 하지요. 그러면 조금 나아질 것입니다."라고 말했다. 그러자 그녀는 "예, 제발 좀 그렇게 해 주세요!"라고 한 뒤 머리를 한쪽으로 기울이며 내가 말이나 행동을 하기도 전에 잠들어 버렸다.

그녀는 몽유 상태에 빠져 온갖 형태의 최면을 다 보여주었다. 30분 정도 지난 뒤 나는 그녀를 깨우느라 애를 먹었다. 마침내 그녀가 벌떡 일어났다. "기분이 아주 좋아요. 됐어요. 선생님이 저를 치료했군요!" 나는 그녀의 말에 반대의 뜻을 전하려 했으나 그녀의 칭송에 막혀 버렸다. 그녀는 정말 걸을 수 있게 되었다. 나는 얼굴을 붉히며 당황해 하며 동료에게 이렇게 말했다. "최면 치료의 경이를 보는군!"

바로 그날, 나는 암시를 이용한 치료와 완전히 단절했다. 이 환자 때문에 얻게 된 평판이 나를 부끄럽게 만들고 우울하게 만들었다. 그리고 1년 뒤에 이 선한 여자 환자가 통증을 이유로 다시 상담실을 찾았을 때, 나는 이미 냉소적인 사고에 젖어 있던 터였다. 나는 그녀의 얼굴에서 내가 최면에 대한 강의를 다시 열었다는 소식을 신문에서 읽었다는 사실을 확인할 수 있었다. 그 지겨운 로맨틱한 공상이 그녀가 쉽게 등에 통증을 느끼도록 만들었던 것이다. 등이 아프면 나를 만날 구실을 갖게 될 것이고 예전과 똑같은 놀라운 방식으로 치료를 받을 수 있을 테니까. 이는 모든 점에서 사실인 것으로 증명되었다.

쉽게 이해할 수 있듯이, 과학적인 양심을 가진 사람은 그런 환자를 다룰 때면 예외 없이 마음에 상처를 입게 된다. 그래서 나는 기적을 행하는 존재가 되기보다는 아예 암시 치료를 포기하기로 작정했다.

나는 사람들의 마음 안에서 어떤 일이 벌어지고 있는지를 이해하길 원했다. 그러자 갑자기 마법적인 주문으로 질병을 물리친다고 생각하는 것이 터무니없을 만큼 유치하다는 생각이 들었다. 또 사람의 마음을 알아나가는 것이 정신치료를 창조하려는 노력의 유일한 결과가 되어야 할 것 같았다.

따라서 브로이어와 프로이트의 발견은 나에게 그야말로 구원처럼 다가왔다. 나는 순수한 열정으로 그들의 방법을 받아들였으며, 그 결과 곧 프로이트의 이론이 옳다는 것을 깨닫게 되었다. 초기에, 그러니까 『히스테리 연구』를 발표할 때, 프로이트는 소위 정신적 외상을 일으킨 상황에 탐조등을 비추기 시작했다. 곧 나는 병의 원인이 될 만큼 중요한 정신적 충격이 간혹 있기는 하지만 그 충격 중 과반수는 그다지 중요하지 않은 것처럼 보인다는 사실을 발견했다. 많은 정신적 충격이 중요하지 않거나 아주 정상적이기 때문에, 그 충격들은 기껏 신경증의 구실로 여겨질 수 있을 뿐이었다.

그러나 특별히 나의 비판을 불러일으킨 것은 많은 정신적 충격이 단순히 공상의 창작이었거나 전혀 일어나지 않았다는 사실이었다. 이 같은 깨달음은 정신적 충격 이론 전체를 의심하도록 하기에 충분했다. (정신분석 이론에 관한 강연에서 나는 이 문제에 대해 상세하게 논했다.) 이제 나는 터무니없이 과장되었거나 전적으로 꾸며낸 정신적 충격을 다시 경험하는 것이 암시 과정과 다른 치료적 가치를 지닌다는 상상을 더 이상 할 수 없었다.

그것도 도움이 된다면 좋다. 그러나 과학적 양심이 없고 진리를 갈망하는 마음이 없을 때에만 그런 식으로 생각할 수 있다. 나는 많은 환자들을 통해서, 특히 지적인 환자들을 통해서 이 방법의 치료적 한계를 확인할 수 있었다. 이 방법은 단순히 주먹구구식이었으며, 그런 만큼 특별한 지능이나 적용 능력을 요구하지 않기 때문에 분석가에게 아주 편리하다. 그 이론과 실천은 유쾌할 만큼 단순하다. "신경증은 정신적 외상에서 비롯되고, 정신적 외상을 정화하기만 하면 된다." 만약 정화가 최면 상태에서 일어나거나 다른 마법적 부속물 (어두운 방, 특별한 조명 등)을 통해 일어난다면, 나는 당장 현명했던 그 늙은 여자 농부를 떠올린다. 나로 하여금 최면 상황의 마법적 영향뿐만 아니라 최면술의 본질에 대해 회의를 품게 만든 그 환자 말이다.

내가 비교적 효과적이고 간접적인 이런 암시 방법과 영원히 결별하게 된 계기는 신경증 환자가 품는 공상의 기만적이고 당혹스런 미로(迷路)의 뒤에 도덕적 갈등이라고 묘사할 수 있는 그런 갈등이 숨어 있다는 깨달음이었다. 이것으로 나에게 새로운 이해의 시대가 시작되었다. 이제 그런 갈등의 원인을 찾고 그 갈등을 합리적으로 설명하기 위해, 연구와 치료가 서로 손을 맞잡고 공동 노력을 펴기에 이르렀다. 나에게 이것은 정신분석을 의미했다.

내가 이 같은 통찰을 얻고 있는 동안에, 프로이트는 신경증의 성 이론을 구축하면서 논의가 필요한 문제들을 많이 제기했다. 이 문제들은 전부 깊이 고려할 가치가 있는 것처럼 보였다. 나는 오랫동안 프로이트와 공동 노력을 펴면서 신경증에서 성욕 문제를 놓고 그와 함께 연구하는 행운을 누렸다. 이전에 내가 발표한 책들을 통해서, 내가 언제나 성욕의 의미에 대해 의문을 품었다는 사실이 확인될 것이다. 이 의문이 점점 커져 지금은 프로이트의 의견 전부를 더 이상 지지할 수 없는 지경에 이르게 되었다.

나는 당신의 질문들에 다소 논리적이지 않은 방식으로 대답하는 쪽을 택했다. 이제 나머지 질문에 대해 대답할 생각이다. 부분 최면과 완전 최면은 환자가 최면술사에게 무의식적으로 반응하는 강도의 차이에 지나지 않는다. 부분 최면인지 완전 최면인지 누가 확실히 판단할 수 있단 말인가? 비판적인 지성을 가진 사람에겐 카타르시스 방법에서 암시와 감수성을 피할 수 있다는 말이 터무니없이 들린다.

암시와 감수성은 일반적인 인간의 속성으로 어디에나 있다. 심지어 순수하게 이성을 바탕으로 작업한다고 생각하고 있는 뒤부아나 정신분석가도 예외가 될 수 없다. 이 점에선 어떠한 기술도, 어떠한 자제도 예외가 못된다. 분석가가 무계획적으로, 아마 자신의 인격, 즉 암시를 통해서 작업을 벌이기 때문이다. 카타르시스 방법에서 환자에게 옛날의 공상을 떠올리는 것보다 훨씬 더 중요한 것은 분석가와 자주 자리를 함께 하는 경험과 분석가가 개인적으로 자신과 자신의 분석 방법에 대해 품는 믿음과 신뢰이다. 이 믿음과 자신감, 그리고 분석가가 작업에 쏟는 정성(이런 요소들의 중요성을 구체적으로 파악하는 것은 불가능할지라도)이 환자에겐 옛날의 정신적 외상을 되풀이하는 것보다 훨씬 더 중요하다.

온갖 합리적인 안전장치에도 불구하고 환자가 분석가의 인격을 동화시키려 한다는 것을 잘 알고 있기 때문에, 나는 심리치료사의 경우에도 외과의사 못지않게 자신의 손을 청결하게 유지하는 책임을 지는 것을 하나의 조건으로 제시했다. 나는 정신분석가가 자신부터 먼저 분석 과정을 거쳐야 한다는 것을 전제조건으로 받아들인다. 분석가의 인격도 치료에 중요한 한 요소이기 때문이다.

환자들은 직관적으로 분석가의 성격을 읽는다. 환자들은 분석가의 내면에서 실패를 두루 겪은 그런 인간의 모습을 발견해야 하지만 동시에 인생의 고비마다 인간으로서의 의무를 최대한 수행하려고 노력하는 그런 인간의 모습도 발견할 수 있어야 한다. 나는 분석가가 도덕적 발달을 이룬 딱 그 만큼만 치료에서 성공을 거두는 예를 여러 번 볼 기회가 있었다. 이 대답이 당신의 질문을 충족시킬 것이라고 생각한다.

빈 학파와 취리히 학파의 차이 (1916년)[*]

*   <Prefaces to "Collected Papers on Analytical Psychology">

이 책[26]은 지난 14년 동안 분석 심리학에 대해 쓴 논문과 소책자들을 담고 있다. 이 기간에 새로운 학문 분야가 하나 등장했으며, 그런 경우에 늘 그렇듯이 견해와 개념, 설명에 많은 변화가 있었다.

　이 책에서 분석 심리학의 근본적인 개념들을 제시하는 것이 나의 의도가 아니다. 그러나 이 책은 정신분석의 취리히 학파의 특징으로 꼽히는 어떤 발전의 과정을 어느 정도 밝혀줄 것이다.

....
26　'분석 심리학 논문 선집'을 말하며, 7장의 글은 이 선집의 서문이다.

잘 알려진 바와 같이, 일반 심리학에서 새로운 분석적 방법을 발견한 업적은 빈의 프로이트 교수에게로 돌려야 한다. 그의 독창적인 견해는 중요한 변화를 겪었다. 프로이트 자신은 취리히 학파의 견해에 동의하지 않을지 몰라도, 이 변화 중 일부는 취리히에서 이뤄진 연구 결과 일어나게 되었다.

여기서 나는 빈 학파와 취리히 학파의 근본적인 차이를 설명할 수는 없고 다음과 같은 언급만 할 것이다. 빈 학파는 성적 관점만을 택하는 한편, 취리히 학파의 관점은 상징주의적이다. 빈 학파는 심리학적 상징을 기호학적으로 어떤 원초적인 심리성적 과정의 신호로 해석한다. 취리히 학파는 그런 개념이 과학적으로 가능하다는 점을 인정하지만 그 개념만 전적으로 타당하다는 주장은 거부한다. 취리히 학파는 심리학적 상징을 기호학적으로만 해석하지 않고 상징적으로도 해석하기 때문이다. 말하자면 상징에 명확한 가치를 부여한다는 뜻이다.

상징의 가치는 단순히 역사적인 원인들에만 좌우되지 않는다. 상징의 주된 중요성은 그것이 현재와 미래에 어떤 의미를 지닌다는 사실에 있다. 취리히 학파의 입장에서 보면, 상징은 억압되고 숨겨진 무엇인가를 말해주는 신호인 동시에 그 개인의 심리적 발달이 어떤 방향으로 이뤄질 것인지를 이해하려는 시도이기도 하다. 따라서 취리히 학파는 상징에 회고적 가치 외에 미래의 의미를 더한다.

그러므로 취리히 학파의 방법은 분석적이고 인과적일 뿐만 아니라 통합적이고 미래를 내다보기도 한다. 인간의 마음엔 원인만 중요한 것이 아니라 목표도 중요하다는 점을 인정하는 것이다. 심리에 두 가지 유형이 있기 때문에, 이 점을 특별히 강조할 필요가 있다. 두 유형 중 하나는 쾌락의 원리를 따르고 있고, 다른 하나는 권력의 원리를 따르고 있다. 전자의 철학적 대응물은 과학적 유물론이며, 후자의 철학적 대응물은 니체(Friedrich Wilhelm Nietzsche)의 철학이다. 프로이트 이론의 원리는 쾌락인 반면, 아들러(Alfred Adler: 프로이트의 초창기 제자 중 한 사람이었다)의 이론은 권력 원리에 기초를 두고 있다.

이 두 가지 유형이 존재한다는 것을 인정하는(미국의 윌리엄 제임스(William James) 교수도 이런 말을 한 적이 있다) 취리히 학파는 프로이트와 아들러의 견해가 한쪽으로 치우치고 있으며 거기에 해당하는 유형 안에서만 타당하다고 생각한다. 이 두 가지 원리는 서로 비중이 다를 뿐이지 모든 개인의 내면에 존재한다.

　그러므로 모든 심리학적 상징은 두 가지 측면을 갖고 있으며 당연히 두 가지 원리에 따라서 해석되어야 한다. 프로이트와 아들러는 유아적이고 원초적인 것으로 거슬러 올라가면서 분석적이고 인과적인 방식으로 해석한다. 그래서 프로이트의 경우에는 "목표"라는 개념이 소망 성취인 반면에, 아들러의 경우에는 권력 강탈이 소망 성취이다. 두 저자는 실제 분석 작업에서 유아적이고 이기적인 목표만을 드러낼 그런 관점을 취하고 있다.

　취리히 학파는 병에 걸린 정신적 태도 안에서 심리는 프로이트와 아들러가 묘사하는 것처럼 작동한다고 믿고 있다. 정말로, 개인이 정신적으로 분열된 상태에서 신경증 환자가 되도록 만드는 것이 바로 터무니없을 만큼 유치한 심리이다. 따라서 취리히 학파는 여기까지는 그들의 이론에 동의하면서 심리학적 상징(환자의 공상에서 나온 산물)을 유아기의 근본적인 쾌락이나 유아기의 권력 욕구로 환원시킨다. 프로이트와 아들러는 단순히 환원의 결과에 만족하는데, 이는 그들의 과학적 생물학주의와 자연주의와 맞아떨어진다.

　그러나 여기서 중요한 질문이 제기된다. 사람이 자신이나 주변의 동료들에게 크게 피해를 입히지 않고 본성의 근본적이고 원초적인 충동을 따를 수 있는가? 사람은 매우 제한적인 한계 앞에서 자신의 성적 욕구나 권력 욕구를 무한정 주장하지 못한다. 취리히 학파는 분석의 최종 결과까지 고려하고, 무의식의 근본적인 생각과 충동을 미래의 발달 과정을 암시하는 상징으로 여긴다. 그러나 그런 과정을 과학적으로 입증할 증거는 전혀 없다. 현재의 과학이 전적으로 인과관계에 근거하고 있기 때문이다. 그러나 인과관계는 하나의 원리에 지나지 않으며, 사람의 마음이 목표도 추구하기 때문에 인과적인 방법만으로는 심리를 철저히 규명하지 못한다.

논쟁의 여지가 있는 이런 철학적 주장 외에, 취리히 학파의 가설에 유리하게 작용할 또 다른 주장이 있다. 이것이 훨씬 더 가치 있는 주장이다. 말하자면 '생명을 위한 필연'(vital necessity)이라는 원리이다. 유아적인 쾌락의 선동에 따라 살거나 유아적인 권력 욕구에 따라 삶을 사는 것은 불가능하다. 유아적인 쾌락이나 유아적인 권력 욕구에 혹시 어떤 역할이라도 주어진다면, 그 쾌락과 욕구는 어디까지나 상징적으로 해석되어야 한다. 유아기의 성향들을 상징적으로 적용하면, 거기서 철학적이거나 종교적이라고 볼 수 있는 어떤 태도가 드러날 것이며, 철학적이거나 종교적이라는 표현은 그 개인의 장래 발달이 어떤 노선으로 이뤄질 것인지를 특징적으로 보여준다.

개인은 심리학적 사실들이 하나의 복합체를 이루고 있는 그런 고착된 존재인 것만은 아니다. 개인은 또한 대단히 변덕스러운 실체이기도 하다. 전적으로 원인으로 환원만 할 경우에, 어떤 인격의 원초적 성향들이 강화되기 마련이다. 이 원초적 성향들이 상징적 가치를 지닌다는 점을 인정함으로써 이 성향들이 균형을 유지하도록 할 수 있을 때에만, 원인으로 환원하는 방법이 환자에게 이로울 수 있다. 분석과 환원은 인과적 진실에 닿는다. 그러나 그것 자체는 우리가 삶을 살아가는 데 도움을 주지 못하고 오직 분개와 절망감을 낳을 뿐이다. 그런 한편, 상징의 고유 가치를 인정하면 건설적인 진리에 닿으며 우리가 삶을 살아가는 데 도움을 준다. 이 건설적 진리는 희망을 불러일으키고 미래에 발달의 가능성을 높여준다.

문명의 역사를 보면 상징이 기능적 중요성을 지녔다는 사실이 분명해진다. 수천 년 동안 종교적 상징은 인류의 도덕 교육에 대단히 효과적인 도구로 쓰였다. 오직 편견을 가진 마음만이 이런 명백한 사실을 부정할 수 있다. 구체적인 가치는 상징의 자리를 차지하지 못한다. 케케묵고 시대에 뒤지고 또 지적 분석과 이해의 향상으로 인해 효율성을 잃게 된 상징을 대체할 수 있는 것은 오직 보다 새롭고 효과적인 상징뿐이다.

개인의 추가적 발달은 오직 상징을 통해서만 성취될 수 있다. 이때 상징은 그 개인보다 훨씬 앞에 서 있는 무엇인가를 나타내고 있으며, 이 상징이 지니는 지적 의미는 아직 완전히 파악되지 않았다. 개인의 무의식이 그런 상징을 낳고 있으며, 이 상징들은 인격이 도덕적으로 발달하는 데 대단한 가치를 지닌다.

사람은 거의 틀림없이 세상과 자신의 삶의 의미에 대해 철학적 및 종교적 견해를 갖고 있다. 반면에 그런 견해를 전혀 갖고 있지 않는 것을 자랑으로 여기는 사람도 있다. 그러나 이런 사람들은 인류가 함께 걷고 있는 길에서 벗어난 예외일 뿐이다. 이런 사람들은 인간의 정신에 반드시 있어야 하는 어떤 중요한 기능을 결여하고 있기 때문이다.

이런 사람들의 무의식에선 현대적인 상징체계 대신에 케케묵은 세계관과 인생관이 발견된다. 만약에 필요한 어떤 심리적 기능이 의식의 영역에 나타나지 않는다면, 그것은 낡거나 발달하지 않은 원형의 형식으로 무의식에 존재한다.

지금까지 간단히 요약한 내용은 독자에게 논문 선집인 이 책에서 기대하기 어려운 것이 무엇인지를 보여주었다. 이 책의 에세이들은 지금까지 말한 보다 일반적인 견해를 향해 가는 길에 있는 역이나 마찬가지이다.

정신분석 비판(1930)[*]

....
* <Introduction to Kranefeldt's "Secret Ways of the Mind">

지금 시점에서, 크게 남용되고 있는 "정신분석"의 그림을 포괄적으로, 또 적절히 그리는 것은 불가능하다고 해도 별 무리가 없을 것이다. 보통 사람이 "정신분석", 즉 숨겨진 원인들과 연결들을 찾아내기 위해 영혼을 의학적으로 해부하는 작업으로 이해하고 있는 것은 문제가 되고 있는 정신적 현상 중 극히 일부에 해당한다. 프로이트의 개념에 따라 정신분석을 보다 넓은 각도에서 신경증의 치료를 위한 의료적 도구로 본다 하더라도, 이 넓은 관점도 문제가 되고 있는 정신적 현상이라는 주제의 본질을 다 담아내지 못한다.

무엇보다도, 프로이트가 말하는 엄격한 의미의 정신분석은 치료의 방법일 뿐만 아니라 심리학적 이론이기도 하다. 심리학적 이론이라는 측면에서 보면, 정신분석은 신경증과 정신병리학에 국한하지 않으며 꿈의 정상적인 현상과 더 나아가 문학과 창조적 예술, 전기(傳記), 신화, 민속, 비교 종교, 철학 등 인문학 분야까지 아우르려는 시도이기도 하다.

정신분석의 창설자인 프로이트가 (보다 좁은 의미에서) 그 방법과 자신의 성이론을 일치시키려고 고집하면서 정신분석에 교조주의라는 낙인을 찍으려 드는 경향은 정신분석 운동의 특이한 본질이라는 측면에서 보면 이해가 되지만 어쨌든 과학의 역사에서 보면 다소 이상하다. 당시에 프로이트가 이런 식으로 "과학적" 무오류성을 선언한 것이 내가 프로이트와 결별하게 만든 원인이었다. 왜냐하면 나에게 있어서 독단적 주장과 과학은 서로 같은 기준으로 평가할 수 없는 것으로서, 상호 오염을 통해 서로에게 피해를 입히는 요소들이기 때문이다.

종교에서 교리는 바로 그 절대적인 관점 때문에 종교의 한 요소로 대단히 중요한 가치를 지닌다. 그러나 과학은 비판과 회의(懷疑)를 배척할 경우에 허약한 온실 식물로 바뀌어 버

린다. 과학에 기본적으로 필요한 요소 하나가 바로 극도의
불확실성이다.

　과학이 독단적 주장의 경향을 보이며 조급해 하고 광분하
는 모습을 드러내는 경우가 간혹 있다. 그럴 때면 틀림없이
과학이 어떤 회의를 감추고 있다고 보면 된다. 이 회의는 대
개 합당하고 근거 있는 어떤 불확실성을 해소시킬 수 있는
성격을 갖고 있다.

　내가 이런 불행한 상태를 강조하는 것은 나 자신이 프로이
트의 이론을 비판적으로 공격하기 위해서가 아니라, 객관적
인 독자에게 프로이트의 정신분석이 과학적 노력과 과학적
성취인 한편으로 거장 본인의 분석적 기술보다 더 강한 것으
로 입증된 하나의 정신적 증후라는 사실을 지적하기 위해서
이다. "프로이트의 비극적인 콤플렉스"에 관한 찰스 메일런
(Charles Maylan)의 책[27]이 보여주듯이, 독단적인 주장을 펴
는 프로이트의 경향의 원인을 그의 개인적 심리학의 전제들
로부터 끌어내는 것은 전혀 어려운 일이 아니다. 정말이지,
프로이트는 제자들에게 그런 요령을 가르쳤으며 본인도 다
소 성공적으로 그것을 실천했다. 그러나 나는 프로이트 본인
....

27　'Freuds tragischer Komplex'(1929).

의 무기를 그에게로 돌리고 싶지 않다. 어쨌든 사람은 누구나 개인적 한계를 완전히 극복하지 못한다. 모든 사람은 개인적 한계에 다소 갇혀 있다. 심리학을 실천할 때 특히 더 그렇다.

이런 기술적 결함은 나에겐 별로 흥미로워 보이지 않는다. 나는 그런 결함을 지나치게 강조하는 것이 위험한 일이라고 믿는다. 그것이 중요한 어떤 사실로 쏠릴 관심을 엉뚱한 곳으로 돌려놓을 수 있기 때문이다. 중요한 사실이란 바로 아주 고귀한 정신도 대단히 자유로워 보이는 바로 그 지점에서 아주 제한적이고 아주 의존적이라는 점이다.

나의 판단엔 사람의 내면에 있는 창조적인 정신은 그 사람의 인격이 아니라 동시대의 사상 운동의 한 신호 또는 증후인 것 같다. 그 사람의 인격은 무의식적이고 집단적인 배경에서 나오는 어떤 확신의 대변자로서만 중요할 뿐이다. 바로 이 확신이 그 사람으로부터 자유를 빼앗고, 그 사람이 자신을 희생시키도록 만들고 또 다른 사람이 저질렀다면 무자비하게 비난하고 나섰을 그런 실수를 저지르게 만든다.

프로이트는 종교개혁까지 거슬러 올라가는 어떤 특별한 사상의 흐름에 의해 태어났다. 이 사상의 흐름은 무수히 많은 위장과 가리개를 점진적으로 벗어던졌으며 지금 니체가 예언적 통찰력으로 예견한 그런 심리학으로 바뀌고 있다. 니체가 예견한 것은 하나의 새로운 사실로서의 정신의 발견이었다.

연금술사들의 음침한 실험실에서부터 최면술과 자기(磁氣) 작용(케르너(Justinus Kerner)와 엔네모서(Joseph Ennemoser), 에시마이어(Eschimayer), 바아더(Baader), 파사반트(J. K. Passavant) 등)을 거쳐, 쇼펜하우어(Arthur Schopenhauer)와 카루스(Paul Carus), 폰 하트만(Eduard von Hartmann) 등의 철학적 예견에 이르기까지, 현대 심리학이 걸어온 그 힘든 길은 미래의 언젠가 조망될 것이다. 그리고 현대 심리학이 리에보(Ambroise-Auguste Liébeault)와 그보다 앞섰던 큄비(Phineas Quimby)(크리스천 사이언스의 영적 아버지)의 일상적 경험이라는 순수한 토양에서부터 어떻게 프랑스 최면술사들의 가르침을 거쳐 최종적으로 프로이트에게 닿게 되었는지에 대한 조망도 가능할 것이다. 이 사상들의 흐름은 분명하지 않은 수많은 원천에서 동시에 나오면서 19세기 들어 속도를 얻는 한편으로 많은 지지자를 얻게 되었다. 프로이트도 이 지지자들 중 한 사람이었다.

오늘날 "정신분석"이라는 슬로건이 뜻하는 것은 현실 속에서 통일되어 있는 어떤 실체가 아니며 우리 시대의 중대한 심리학적 문제의 다양한 양상들로 이뤄져 있다. 대중이 이 심리학적 문제를 알고 있는지 여부는 그 문제가 존재한다는 사실에 아무런 영향을 끼치지 않는다. 우리 시대에 정신은 모든 사람에게 문제가 되고 있는 무엇인가가 되었다. 심리학이 놀랄만한 매력을 발휘하고 있다. 이 매력이 프로이트의 정신분석이 세계적으로 확대되고 있는 현상을 설명해준다. 프로이트의 정신분석은 크리스천 사이언스와 신지학(神智學)[28], 인지학(人智學)[29]의 성공에 비견할 만한 성공을 거두었다. 프로이트의 정신분석은 이런 것들과 성공에서만 아니라 그 본질에서도 비교할 만하다. 왜냐하면 프로이트의 독단적인 태도가 이런 운동들의 특징인 종교적 확신의 태도와 매우 비슷하기 때문이다. 게다가, 이 4가지 운동 모두가 명백히 심리학적이다. 여기에다 서구 세계의 문명화된 모든 곳에서

....

28 그리스어 '테오스'(theos : 신)와 '소피아'(sophia : 지혜)라는 단어에서 유래한 신지학은 고대로부터 계속 있어 왔으며, 근대에 와서는 러시아 태생의 신비주의자 헬레나 블라바츠키(Helena Blavatsky: 1831-91)가 설립한 신지학협회를 중심으로 널리 알려지게 되었다.

29 독일계 오스트리아 학자 루돌프 슈타이너(Rudolf Steiner: 1861-1925)가 인간의 지성이 영적 세계와 접촉할 능력을 갖고 있다는 전제에서 제시한 철학 체계를 말한다.

온갖 형태로 일어나고 있는 신비주의의 발흥을 더한다면, 이 사고의 흐름이 전체적으로 그려진다. 어디나 어느 정도 금기시되고 있지만, 그럼에도 불구하고 이 사고의 흐름은 강력한 힘을 발휘하고 있다.

마찬가지로, 현대 의학도 파라켈수스(Paracelsus)[30]의 정신 쪽으로 경도되는 경향을 보이면서 육체적 질병에서 정신의 중요성을 점점 더 강하게 자각하고 있다. 심지어 형법의 전통까지도 처벌을 유예하거나 심리 전문가를 끌어들이는 모습을 보이면서 심리학의 주장을 받아들이기 시작했다.

심리학적 운동의 긍정적인 측면은 분명히 아주 크다. 그러나 한편엔 이런 긍정적인 측면을 상쇄할 만한 부정적인 측면이 있다. 종교개혁 시대에 이미 의식적인 마음은 고딕 시대의 형이상학적 확실성에서 벗어나기 시작했다. 이 분리는 세월이 흐를수록 더욱 심화되었다. 18세기 초에 이르러 세상은 기독교 진리가 처음 공개적으로 폐위되는 것을 보았으며, 20세기 초에는 이 지구상에서 가장 큰 국가 중 하나가 기독교 신앙을 질병으로 여겨 몰아내려고 온갖 노력을 다 기울이

....
30 스위스 의사이자 연금술사, 점성술사(1493?-1541)로 르네상스 때 관찰의 가치를 강조하면서 의학 혁명을 주도했다.

고 있다.

반면, 백인의 지성은 대체로 가톨릭 교리의 권위를 넘어섰으며, 프로테스탄티즘은 사소하기 짝이 없는 트집을 잡으며 400개 이상의 종파로 분열되었다. 이런 사실은 틀림없이 부정적인 측면이다. 사람들이 도움이 될 만한 진리가 기대되는 운동이 보이면 어떤 것에든 매달리려 드는 경향도 이런 사실로 설명된다.

종교는 영혼의 병을 치료하는 위대한 체계이다. 신경증과 그 비슷한 병은 모두 정신적 원인에서 생겨난다. 그러나 교리는 회의(懷疑)나 분쟁의 대상이 되는 날 치료의 힘을 잃게 된다. 고통을 아는 신이 자비를 베풀거나, 도움과 위안을 주거나, 인생에 의미를 안겨줄 것이라는 믿음을 더 이상 갖지 못하게 된 사람은 허약해지고, 그러면 그 사람은 허약의 희생이 되며 신경증 환자가 된다. 인구 중에 대단히 많은 병적인 구성원들이 우리 시대의 심리학적 경향을 뒷받침하고 있는 가장 막강한 요소이다.

우리 시대의 심리학적 경향을 뒷받침하는 또 하나의 집단이 있다. 이것도 앞의 요소보다 결코 덜 중요하지 않은 요소이다. 일정 기간 동안 권위에 대한 믿음을 가졌다가 각성하면서 일종의 분노 같은 것을 느끼며, 그때까지도 내면에서 은근히 불타고 있던 옛날의 확신을 파괴할 새로운 진리를 옹호하면서 자기학대가 뒤섞인 묘한 만족감을 느끼는 사람들의 집단이 바로 그들이다. 이런 사람들은 절대로 입을 다물고 있지 못하며, 신념이 약한데다가 고립에 대한 두려움까지 느끼고 있기 때문에 언제나 무리를 지으며 전도 집단을 형성해야 한다. 그럴 경우에 적어도 자신의 의문스런 질(質)을 양(量)으로 보상하는 효과를 누릴 수 있으니까.

마지막으로, 무엇인가를 정직하게 추구하면서 영혼이 모든 정신적 고통의 근원이라고 믿는 동시에 정신의 모든 병을 치료할 진리, 다시 말해 고통 받는 인류에게 희소식이 될 진리가 있는 곳도 또한 영혼이라고 철저히 믿고 있는 사람들이 있다. 영혼으로부터 터무니없는 갈등이 비롯된다. 그런데도 우리는 '왜?'라는 어려운 질문에 대한 해답을, 아니면 적어도 효과적인 대답을 듣기 위해 그 영혼에 기댄다.

치료의 필요성을 느끼기 위해 신경증 환자가 되어야 하는 것은 아니며, 치료의 필요성은 그런 치료가 가능하다는 점을 완강히 부정하는 사람들도 느끼긴 마찬가지이다. 그런 사람들도 약하다고 느껴지는 순간에 심리학 서적을 들추지 않을 수 없다. 그것이 고집 센 배우자가 이성을 찾도록 하는 요령을 찾기 위한 노력일지라도 말이다.

이처럼 서로 다른 대중의 관심은 "정신분석"의 변형이 다양하다는 사실에 그대로 반영되고 있다. 프로이트 학파와 나란히 성장한 아들러 학파는 정신적 문제의 사회적 측면을 특별히 강조하고 있으며, 따라서 하나의 사회적 교육 시스템으로 더욱 차별화하고 있다. 아들러 학파는 이론만 아니라 실천에서도 프로이트가 주장하는 정신분석의 요소들을 모두 부정한다. 정신분석과 얼마나 심하게 결별했는지, 몇 가지 이론적인 원리를 제외하면 아들러 학파가 프로이트 학파와 원래 가졌던 접점은 거의 보이지 않게 되었다. 이런 이유로 아들러의 "개인심리학"은 "정신분석" 개념에 더 이상 포함될 수 없다. 아들러의 "개인심리학"은 독립적인 심리학 체계이며, 다른 기질을 표현하고 완전히 다른 세계관을 나타내고 있다.

"정신분석"에 관심을 갖고 있으면서 현대 정신의학의 전체 분야를 적절히 조사하길 원하는 사람이라면 아들러의 글을 공부하지 말아야 한다. 그런 사람은 아들러의 글이 지나치게 자극적이라는 사실을 발견할 것이다. 또 프로이트의 방법과 아들러의 방법이 정반대처럼 보임에도 불구하고, 프로이트의 관점이나 아들러의 관점이나 똑같이 어떤 신경증을 놓고 똑같이 확신에 차서 설명한다는 중요한 사실도 발견할 것이다. 그러나 이론으로만 보면 절망적일 만큼 서로 동떨어져 있는 것들도 인간의 역설적인 영혼 안에선 아무런 모순을 일으키지 않고 가까이 서 있을 수 있다. 모든 인간 존재는 성적 본능뿐만 아니라 권력 본능도 갖고 있다. 따라서 사람은 이 두 가지 심리학을 모두 보일 수 있으며, 사람의 내면에 있는 모든 정신적 충동은 이 두 가지 본능에서 나오는 특유의 색깔을 띠게 마련이다.

인간이나 동물의 내면에 얼마나 많은 일차적 충동이 존재하는가 하는 문제가 아직 풀리지 않았기 때문에, 독창적인 마음의 소유자가 몇 가지 심리학을 더 발견할 가능성이 있다. 이 심리학들도 나머지 모든 심리학과 겉으로는 모순되는 것처럼 보일지라도 똑같이 매우 만족스런 설명을 내놓을 것이다. 그러나 새로운 심리학을 발견하는 것은 예술가의 충동으로 그냥 가만히 앉아서 어떤 심리학 체계를 이끌어내는 그런 문제가 아니다. 프로이트의 심리학도, 아들러의 심리학도 그런 식으로 존재하게 된 것이 아니다. 오히려 두 사람은 마치 내면의 어떤 필요에 의해 운명적으로 심리학을 발견하는 일을 맡게 된 것처럼 보인다.

　프로이트와 아들러는 자신의 심리를 기록하고 다른 사람들을 관찰하는 과정을 거치면서 자신을 지배하고 있는 원리를 고백하게 되었다. 이것은 깊은 경험의 문제이지 지적 구상의 문제가 아니다. 이런 종류의 고백이 더 많아질 것이라고 기대할 수 있다. 그럴 경우에 정신의 잠재력을 그리는 그림이 더욱 완벽해질 것이다.

　나 자신의 견해와 내가 확립한 학파도 똑같이 심리의 영향을 받으며, 따라서 똑같은 한계에 직면하고 똑같은 비판에 노출되고 있다. 이런 상황 때문에 나 자신도 다른 심리학자들을 비판할 수 있는 입장에 선다. 나의 관점에 대해 판단한다면, 나의 관점은 일원론적이지 않고 상반된 것들의 원리에 근거하고 있어서 이원론적이며 아마 다원론적이기도 하다는 점에서 앞에서 논한 심리학들과 다르다. 여기서 다원론적이라는 표현을 쓰는 것은 나의 관점이 꽤 자율적으로 작용하는 정신적 콤플렉스의 다양성을 인정하고 있기 때문이다.

　내가 모순적이면서도 만족스런 설명들이 가능하다는 사실에서 어떤 이론을 끌어낸다는 것이 확인될 것이다. 프로이트와 아들러의 설명 원리는 기본적으로 환원적이며 언제나 인간의 본성을 제한하는 유아기의 조건으로 돌아간다. 이런 프로이트나 아들러와 달리, 나는 건설적이거나 통합적인 설명을 더 중요하게 여긴다. 내일이 어제보다 실용적으로 훨씬 더 중요하고, '어디서'라는 기원보다 '어디로'라는 목표가 더 중요하다는 점을 인정하는 것이다. 나 자신이 역사를 깊이 존경함에도 불구하고, 나의 의견엔 과거에 대한 통찰을 얻고 또 정신적 병을 일으키고 있는 기억을 다시 경험하는 것이 제아무리 탁월한 효과를 발휘한다 할지라도, 그런 통찰과 기억은 새로운 무엇인가를 건설하는 것에 비해 사람을 과거의 손아귀에서 해방시키는 일에 효과적이지 않은 것 같다.

물론, 나도 과거를 들여다보지 않고 또 잃어버린 의미 있는 기억을 찾아내지 않고는 실행 가능한 것을 새로 창조하지 못한다는 것을 잘 알고 있다. 그러나 나는 병의 원인이라고 짐작되는 것을 찾아 과거를 샅샅이 뒤지는 것은 시간 낭비이고 오해를 낳는 편견이라고 생각한다. 신경증을 일으킨 원래의 상황이 아무리 중요해도, 신경증은 어디까지나 그 사람의 그릇된 태도 때문에 생기고 지속되기 때문이다. 그릇된 태도는 확인되기만 하면 현재 상태에서 바로잡아지는 것이지 유아기 시대에 바로잡아지는 것이 아니다. 그 원인들을 의식 속으로 끌어내는 것만으로는 충분하지 않다. 왜냐하면 신경증 치료는 최종적으로 도덕적 문제지, 옛 기억을 되살리는 마법적 효과가 절대로 아니기 때문이다.

무의식에 기본적으로 다른 가치를 부여한다는 점에서도, 나의 관점은 프로이트와 아들러의 관점과 다르다. 아들러(이 학파는 무의식이 뒤쪽으로 완전히 사라지는 것을 허용하고 있다)에 비해 무의식에 엄청나게 더 중요한 역할을 부여하는 프로이트는 아들러보다 종교적 기질을 더 강하게 보이고 있으며, 이 때문에 프로이트는 자연히 정신적 비아(非我)에 자율적 기능을 인정한다.

이 측면에서, 나는 프로이트보다 몇 걸음 더 나아간다. 나에게 무의식은 온갖 불결한 혼과 죽은 과거의 불쾌한 유산을 받아들이는 그런 그릇에서 절대로 그치지 않는다. 예를 들면, 프로이트의 "초자아"를 이루는 수 세기의 여론을 저장하고 있는 그런 그릇보다 훨씬 더 크다. 정말로, 무의식은 우리의 내면에 영원히 살고 있고, 창조적이며, 무엇인가를 잉태하고 있는 층이다. 무의식은 역사 깊은 상징적 이미지들을 이용하고 있음에도 불구하고 그것들을 새로운 방식으로 이해하는 방향으로 이용한다. 당연히 새로운 의미는 무의식에서 이미 만들어진 상태로 나오지 않는다. 아테나 여신이 완전 무장을 한 채 제우스의 머리에서 튀어나오는 것과 다른 것이다. 이유는 진정한 효과는 반드시 무의식의 산물이 의식적인 마음과 진지한 관계를 맺게 될 때에만 성취될 수 있는 것이기 때문이다.

무의식의 산물을 해석하기 위해, 나는 꿈과 공상을 아주 다르게 읽을 필요가 있다는 점을 확인했다. 프로이트와 달리, 나는 꿈과 공상을 개인적인 요소로 환원시키지 않았으며, 꿈과 공상이 표현하고자 하는 의미를 찾기 위해 그것들을 신화의 상징과 종교의 역사와 비교했다.

꿈과 공상의 본질을 고려한다면, 이런 식으로 접근하는 것이 합당한 것 같다. 이 방법은 실제로 아주 흥미로운 결과들을 내놓았다. 특히 이 방법이 꿈과 공상을 완전히 새롭게 읽도록 하고, 따라서 그렇게 하지 않았더라면 양립 불가능했을 무의식의 경향들과 의식적인 인격의 결합이 가능해지기 때문이다. 이 같은 결합은 나에겐 오래 전부터 추구할 만한 가치가 있는 목표처럼 보였다. 이유는 신경증 환자들(그리고 많은 정상적인 사람들)이 기본적으로 의식과 무의식의 분열 때문에 고통 받기 때문이다.

무의식은 본능의 원천과 선사시대 인간의 본성 전부를 포함하고 있을 뿐만 아니라 미래의 창조적 씨앗과 모든 건설적인 공상의 뿌리까지 포함하고 있다. 그렇기 때문에 신경증적인 분열로 인해 무의식으로부터 분리된다는 것은 곧 모든 생명의 원천으로부터 분리된다는 것을 의미한다. 따라서 심리치료사의 가장 중요한 과제는 잃어버린 이 연결을 다시 확립하고 의식과 무의식 사이에 서로 생명력을 주고받는 협력 관계를 되찾아주는 것이라고 할 수 있다.

프로이트는 무의식을 경시하면서 의식의 식별력에서 안전을 추구하고 있다. 이 같은 접근은 대체로 잘못이며 확고한 의식이 이미 존재하는 곳마다 무미건조와 경직을 부르게된다. 왜냐하면 의식이 겉보기에 적대적인 무의식적 요소들을 피함으로써 부활에 필요한 생명력을 거부하는 결과를 낳기 때문이다.

그러나 프로이트의 접근법이 언제나 실수인 것은 아니다. 이는 의식이 언제나 확고히 확립되어 있는 것은 아니기 때문이다. 프로이트의 접근법은 아주 풍부한 인생 경험과 어느 정도의 성숙을 전제로 한다. 그러나 자신이 진정 어떤 존재인지 잘 모르는 젊은이들은 "영혼의 어두운 밤"이 자신의 미성숙하고 변화하기 쉬운 의식으로 쏟아지게 함으로써 가뜩이나 얇은 자기지식을 더욱 모호하게 만들 경우에 큰 위험을 맞을 수 있다. 이런 경우엔 무의식을 어느 정도 경시하는 것이 정당화된다. 나의 경험에 따르면, 사람들은 저마다 기질("유형")만 다른 것이 아니라 심리적 발달의 단계도 다 다르다. 그렇기 때문에 인생의 전반기와 후반기의 심리학 사이에도 근본적인 차이가 있다고 말해도 무방하다. 여기서 나는 인생의 각 단계에 똑같은 심리학을 적용할 수 없다고 주장하면서 다른 저자들과 다른 의견을 보인다.

지금까지 논한 사항들 외에 내가 외향성과 내향성을, 또다시 이 두 가지를 기능(4가지를 제시할 수 있다)을 기준으로 구분한다는 사실까지 더한다면, 심리학 분야의 연구자로서 나 자신이 지금까지 기울여 온 주된 관심사는, 정신분석과 개인심리학의 관점에서 보면 단순할 정도로 간단한 상황을 깨뜨리고 정신의 무한한 복잡성으로 눈을 돌리도록 하는 것이었다는 사실이 분명히 드러날 것이다.

대부분의 사람들은 이런 복잡성을 무시하는 쪽을 택하면서 복잡성이 존재한다는 사실 자체에 대해 솔직하게 개탄했다. 하지만 생리학자가 사람의 육체가 단순하다고 단정할 것 같은가? 또는 흰자의 살아 있는 분자를 두고 단순하다고 단정할 것 같은가? 인간 정신이 중요하다면, 그것은 상상을 초월할 정도로 복잡하고 다양할 것임에 틀림없다. 그렇다면 단순히 본능의 심리학만으로 정신에 접근하는 것은 불가능할 것이다. 나는 단지 정신의 본질의 깊이와 높이를 경이의 눈으로 바라볼 뿐이다.

비(非)공간적인 정신의 우주는 인류가 수백만 년 동안 발달해 오는 과정에 축적되어 인간에게 고착된 무수한 이미지들을 숨기고 있다. 나의 의식은 아득히 먼 공간들까지 꿰뚫어보는 눈과 비슷하지만, 그럼에도 그 아득한 공간들을 비공간적인 이미지들로 채우고 있는 것은 정신적 비아(非我)이다. 그리고 이 이미지들은 창백한 그림자들이 아니고 대단히 막강한 정신적인 요소들이다. 우리가 기껏 할 수 있는 것이라곤 그 이미지들을 오해하는 것뿐이지만, 우리가 이미지들을 부정해서는 그 이미지들이 갖고 있는 힘을 빼앗지 못한다. 이 그림 옆에, 나는 별이 총총한 밤하늘의 장관을 나란히 놓고 싶다. 우리 내면의 우주를 보여주는 유일한 것은 밖의 우주이기 때문이다. 육체를 빌려서 이 세상에 닿는 것과 똑같이, 나는 정신을 빌려서 내면의 우주에 닿는다.

따라서 나는 나의 노력에 의해 심리학에 소개된 복잡성에 대해 후회하지 않는다. 과학자들이 사물들의 이치가 단순하다고 생각하면서 언제나 자기 자신을 속여 왔기 때문이다.

이 머리말[31]을 통해 독자 여러분에게 '정신분석'이라는 개념에 담긴 심리학적 노력은 역사적으로나 사회적으로나 철학적으로 그 단어가 암시하는 것보다 훨씬 더 광범위하고 깊다는 점을 전할 수 있었으면 하는 마음 간절하다.

....
31   이 글은 크라네펠트(W.M. Kranefeldt)의 『마음의 은밀한 길들』(Secret Ways of the Mind)의 서문으로 쓰였다.

9장
프로이트와 융(1931)[*]

....
* <Freud and Jung: Contrasts>

엄밀히 따지면, 프로이트의 관점과 나의 관점의 차이를 다루는 것은 두 사람의 이름을 걸고 있는 이론의 영향권 밖에 있는 사람의 몫이 되어야 한다. 나는 나 자신의 이론에서 벗어나서 두 사람의 이론을 공평하게 볼 수 있을 만큼 객관성을 충분히 갖추고 있을까? 아니, 사람이 과연 이런 평가를 할 수 있는 존재일까? 나는 회의적이다.

광범위하게 받아들여지고 있는 사상들은 소위 저자의 소유가 결코 아니다. 정반대로, 저자는 자신의 아이디어의 종이다. 진리라는 칭송을 듣는 인상적인 사상들은 모두 고유한 무엇인가를 갖고 있다. 비록 특정한 시점에 나타났을지라도, 그 사상들은 시대를 초월해 언제나 있어 왔다. 또 그 사상들은 창조적인 정신적 삶의 영역에서 비롯되며, 개별 인간 존재의 단명한 마음은, 식물이 꽃을 피우고 열매를 맺고 그러다 시들어 죽는 것처럼, 이 영역에서 피어나 자란다. 사상들은 어떤 한 사람의 개인적 삶보다 더 큰 무엇인가에서 솟아난다. 사람이 사상들을 창조하지 않는다. 오히려 사상들이 사람을 만든다고 할 수 있다.

불가피하게, 사상들은 운명적인 어떤 고백이다. 사상들이 우리의 내면에 있는 최고의 것만 아니라 가장 부족한 부분과 개인적인 단점까지 밝은 빛 아래로 드러내 보이기 때문이다. 심리학에 관한 사상인 경우에 특히 더 그러하다.

이 사상들이 우리의 가장 주관적인 부분에서 나오지 않는다면 도대체 어디서 나오겠는가? 객관적인 세상을 경험하는 것이 우리가 주관적인 편향을 갖지 않도록 막을 수 있을까? 모든 경험은, 심지어 최고의 환경에서 하는 경험마저도 적어도 50% 이상은 주관적으로 해석되지 않는가?

한편, 주체도 하나의 객관적인 사실이고 이 세상의 한 조각이다. 그 주체에서 나오는 것도 최종적으로 보면 세상 자체에서 나온다. 아주 희귀하고 낯선 유기체도 우리 모두가 공유하는 땅을 딛고 살며 땅으로부터 영양분을 공급받으며 사는 것과 마찬가지이다. 자연에 가장 가깝고 인간의 본질과 가장 가깝다는 이유로 진리와 가장 가까운 것으로 평가받을 수 있는 것이 바로 대단히 주관적인 사상들이다. 그렇다면 진리란 도대체 무엇인가?

심리학을 위해서, 우리 모두가 지금 심리의 본질에 대해 '진실하거나 옳은' 주장을 펼 수 있는 위치에 서 있다는 생각을 포기하는 것이 최선의 길이라고 나는 생각한다. 우리가 성취할 수 있는 최선의 것은 심리를 진정으로 표현하는 것이다. '진정으로 표현하는 것'이라는 말을 나는 주관적으로 언급된 모든 것을 세세하게 드러내 보이고, 아울러 그 내용을 놓고 공개적으로 따져봐야 한다는 뜻으로 쓰고 있다.

어떤 사람은 자료를 갖고 엮어낼 수 있는 형태들을 강조할 것이며, 따라서 이 사람은 자신의 내면에서 발견되는 것을 스스로 창조했다고 믿을 것이다. 또 다른 사람은 관찰되는 것을 크게 강조할 것이며, 따라서 이 사람은 자신의 수용적인 태도를 자각하면서 자신의 주관적인 자료들이 저절로 나타났다는 점을 강조할 것이다. 진리는 이 둘 사이의 어딘가에 자리 잡고 있다. 진정한 표현은 관찰된 것에 형태를 입히는 것이라는 뜻이다.

현대의 심리학자는 아무리 야심적인 사람일지라도 그 이상을 성취했다고 주장하지 못한다. 우리의 심리학은 몇몇 개인이 자신의 내면에서 발견한 것들에 대해 증언하는 것에 불과하다. 이 개인들이 증언을 제시하는 형식이 어떤 때는 적절하고 어떤 때는 적절하지 못하다. 각 개인이 어떤 유형과 다소 일치하는 모습을 보이고 있기 때문에, 그 사람의 증언은 다수 사람들에게 상당히 통하는 설명으로 받아들여질 수 있다. 그리고 다른 유형의 사람도 어쨌든 같은 인간이기 때문에, 우리는 그 설명이 다소 덜 만족스러운 대로 그들에게도 적용된다고 결론을 내릴 수 있다.

프로이트가 근친상간에 대해 한 말뿐만 아니라 성욕과 유아 쾌락, 그리고 그런 것들이 '현실의 원칙'과 빚는 충돌에 대해 한 말은 프로이트 본인의 심리적 구성을 가장 진솔하게 표현한 것으로 여겨질 수 있다. 프로이트도 자신의 내면에서 관찰한 것에 적절한 형태를 입혔다.

나는 절대로 프로이트의 이론에 반대하는 사람이 아니다. 단지 프로이트와 그의 제자들의 근시안적인 태도에 그런 식으로 비쳤을 뿐이다. 경험 있는 정신과의사라면 어느 누구도 적어도 본질적인 요소들에서 프로이트의 설명과 부합하는 환자들을 수십 명 만났다는 점을 부인하지 못할 것이다. 프로이트는 자신의 내면에서 발견한 것들을 공개적으로 드러냄으로써 인간에 관한 어떤 위대한 진리가 탄생하도록 도왔다. 그는 자신의 존재를 이론으로 공식화하는 심리학을 구축하는 데 삶과 힘을 바쳤다.

사물을 보는 방식은 그 사람이 어떤 존재인가에 따라 달라진다. 사람들은 서로 다른 심리를 갖고 있기 때문에 사물을 달리 보고 스스로를 달리 표현한다. 프로이트의 초기 제자 중 한 사람인 아들러가 좋은 예이다. 프로이트와 똑같은 경험적 자료를 갖고 연구하면서도 아들러는 프로이트와 완전히 다른 관점에서 자료에 접근했다. 아들러의 방식도 적어도 프로이트의 방식만큼은 설득력을 지닌다. 왜냐하면 아들러도 잘 알려진 어느 유형을 대표하고 있기 때문이다.

나는 두 학파의 추종자들이 나의 판단이 틀렸다고 단호하게 말할 것이라는 점을 잘 알고 있다. 그러나 나는 역사와 객관적인 정신의 소유자들이 나의 주장을 뒷받침할 것이라고 믿고 있다. 나의 생각에, 두 학파는 삶의 병적인 측면을 과도하게 강조한 점과 인간을 지나치게 결점에 비춰가며 해석한 점과 관련해 비난의 소리를 들을 만하다. 프로이트에게서 이를 뒷받침할 예를 찾는다면, 그의 책『환상의 미래』(The Future of an Illusion)에 명백히 드러나고 있듯이, 종교적 경험에 대한 이해의 부족을 들 수 있다.

나에 대해 말하자면, 나는 사람을 볼 때 그 사람의 내면에 있는 건강하고 건전한 측면을 보기를 좋아하고 또 아픈 사람이 프로이트의 책 내용을 장식하고 있는 그런 심리에서 풀려나도록 하려고 노력한다. 프로이트가 신경증적인 마음 상태와 관련 있는 사실들만을 바탕으로 일반화하고 있다는 점에서 본다면, 그의 가르침은 확실히 일방적이다. 프로이트의 가르침은 정말로 그런 마음 상태에만 유효하다. 이 제한적인 범위 안에서는 프로이트의 가르침이 진리이다. 프로이트의 가르침이 실수를 안고 있음에도 그렇다. 왜냐하면 그 실수마저도 그 그림 안에 속하고 어떤 고백의 진실을 담고 있기 때문이다.

여하튼, 프로이트의 심리학은 건강한 정신의 심리학이 아니다. 프로이트의 심리학은 비판을 거치지 않았거나 심지어 무의식적인 세계관에 근거하고 있으며, 이 같은 세계관은 인간 경험과 이해의 영역을 상당히 좁혀 놓는 경향을 갖고 있다. 바로 이 점이 프로이트의 심리학에 담긴 병적 증후이다.

프로이트가 철학에 등을 돌린 것은 중대한 실수였다. 그는 자신의 전제뿐만 아니라 심지어 자신의 개인적 관점을 뒷받침하던 가정까지 비판했다. 그럼에도 내가 앞에서 한 말에서 추론할 수 있듯이, 프로이트가 그렇게 하는 것은 반드시 필요한 일이었다. 왜냐하면 프로이트가 자신의 토대들을 비판적으로 점검했더라면 『꿈의 해석』에서 한 것처럼 순진하게도 자신의 특이한 심리를 공개하는 일은 절대로 없었을 것이기 때문이다.

어쨌든, 프로이트도 내가 직면했던 그 어려움을 맛보았을 것이다. 나는 철학적 비판의 달콤하면서도 쓴 맛을 절대로 거부하지 않고 그것을 조심스럽게 한 번에 한 모금씩 신중하게 받아들였다. 나의 반대자들은 비판을 지나치게 적게 받아들인다고 말하겠지만, 나의 감정은 나에게 지나치게 많이 받아들인다고 속삭이고 있다. 자기비판은 본인의 순박함을 너무 쉽게 더럽히는 경향이 있다. 그 귀한 심리적 자산을, 아니 창조적인 사람에게 반드시 있어야 할 재능을 말이다.

여하튼, 철학적 비판은 나로 하여금 나의 심리학을 포함한 모든 심리학은 주관적인 고백의 성격을 갖고 있다는 사실을 직시하도록 만들었다. 그럼에도 나는 나의 비판력이 창의성을 파괴하지 못하도록 막아야 한다. 내가 말하는 모든 단어에는 나 자신의, 말하자면 특별한 역사와 특별한 세계를 가진 나 자신의 특별하고 독특한 무엇인가가 들어 있다는 사실을 나는 잘 알고 있다. 심지어 경험적인 자료를 다룰 때조차도, 나는 분명히 나 자신에 대해 말하고 있다. 그러나 나 자신이 인간에 대한 인간의 지식이라는 대의에 이바지할 수 있는 것은 오직 이 같은 사실을 불가피한 것으로 받아들임으로써만 가능해진다. 프로이트 또한 이 목적에 이바지할 수 있기를 바랐으며, 온갖 논란에도 불구하고, 그는 이 목적에 크게 이바지했다. 지식이란 것은 진리를 통해서만 얻어지는 것이 아니라 실수를 통해서도 얻어지는 법이다.

프로이트와 나를 가르는 선이 가장 예리해지는 부분은 아마 여기일 것이다. 어느 한 사람의 연구인 모든 심리학적 가르침에는 주관적인 색채가 다분할 수밖에 없다는 사실을 받아들이는 문제가 제기되는 바로 여기서, 프로이트와 내가 뚜렷이 갈리는 것이다.

둘 사이의 추가적인 차이는 내가 볼 때 다음과 같은 점에 있는 것 같다. 나의 경우에 대체로 세상에 관한 무의식적 가정들, 따라서 비판의 대상이 되지 않은 가정들로부터 나 자신을 해방시키려고 노력한다는 점이다. 여기서 나는 "노력한다"는 표현을 쓰고 있다. 왜냐하면 무의식적인 모든 가정으로부터 자유로워졌다고 자신 있게 말할 수 있는 사람은 세상에 아무도 없기 때문이다. 나는 적어도 형편없는 편견으로부터 벗어나려고 노력하고 있다. 따라서 신이 인간의 정신 안에서 작용하고 있는 것이 보이면 나는 그 신의 존재까지 파악하려고 노력한다.

나는 타고난 본능이나 충동이 인간의 삶에서 추진력의 역할을 한다는 사실을 의심하지 않는다. 그 추진력을 우리가 성욕이라 부르는가 권력 의지라고 부르는가 하는 점은 중요하지 않다. 그러나 나는 또 이 본능이 정신과 충돌을 일으킨다는 점에 대해서도 의심하지 않는다. 본능이 무엇인가와 지속적으로 충돌을 빚고 있는데, 이 무엇인가를 "정신"이라고 불러서는 안 될 이유가 있는가?

나는 정신이란 것이 그 자체로 어떻게 생겼는지 잘 모른다. 마찬가지로 본능에 대해서도 잘 모른다. 나에겐 정신도 본능만큼이나 신비하다. 그래서 나는 정신을 본능에 대한 오해라는 식으로 설명할 수 없다. 자연에는 오해가 있을 수 없다. 지구가 오직 한 개의 달만을 갖고 있다는 사실이 오해가 아닌 것처럼 말이다. 오해는 인간이 '이해력'이라고 부르는 영역 안에서만 발견된다. 분명, 본능과 정신은 나의 이해력 밖에 있다. 본능과 정신은 우리가 그 본질에 대해 모르고 있는 막강한 힘들을 뜻하는 용어들이다.

쉽게 알 수 있듯이, 모든 종교를 대하는 나의 태도는 긍정적이다. 종교의 상징에서, 나는 환자들의 꿈과 공상에서 만난 형상들을 발견한다. 종교의 도덕적 가르침에서, 나는 환자들이 통찰이나 영감을 따르면서 정신적 삶의 힘들을 다룰 길을 찾으려 애쓸 때의 모습과 같거나 비슷한 노력을 본다. 온갖 형식으로 나타나는 제식과 의례, 성인식, 금욕적 관행은 이런 힘들과의 적절한 관계를 끌어내기 위한 다양한 기법으로서 나의 호기심을 강하게 자극한다.

마찬가지로, 나는 생물학과 자연과학의 경험주의에도 긍정적인 가치를 부여한다. 자연과학에서, 나는 밖에서부터 인간의 정신에 접근함으로써 정신세계를 이해하려고 노력하는 모습을 확인하고 있다. 나는 종교 쪽의 신비적 직관도 자연과학과 반대 방향으로 똑같이 놀라운 임무를 수행하고 있다고 본다. 말하자면 인간의 내면으로부터 우주에 관한 지식을 끌어내려는 시도로 보는 것이다.

나 자신이 세상을 그린 그림에는 거대한 외적 영역이 있고 똑같이 거대한 내적 영역이 있다. 이 두 영역 사이에 인간이 서 있으면서 어떤 때는 이쪽을, 또 어떤 때는 저쪽을 바라보고 있다. 그러면서 인간은 자신의 기분이나 성향에 따라서 한 쪽을 절대 진리로 받아들이면서 반대편을 부정하거나 희생시키고 있다.

물론 이 그림은 가설적이다. 그러나 이 그림은 나에게 절대로 포기할 수 없는 어떤 가설을, 너무나 소중한 어떤 가설을 제시한다. 나는 이 가설을 경험적으로 입증된 가설로 보고 있다. 게다가, 이 가설은 여론의 뒷받침까지 받고 있다. 나 자신이 경험적 발견들을 통해 이 가설에 이르게 되었다고 상상하는 것이 가능할지라도, 이 가설은 틀림없이 내면의 어떤 원천에서 나에게로 다가왔다. 바로 이 가설에서 나의 유형이론이 나왔고, 이 가설로 인해 프로이트의 견해를 포함한 다른 견해들과의 화해도 가능하게 되었다.

나는 모든 사건에서 서로 반대되는 것들이 작용하고 있다는 사실을 확인하고 있으며, 이 같은 인식에서 정신 에너지라는 사상을 끌어내고 있다. 물리적 에너지가 전위(電位) 차이, 말하자면 따뜻한 것과 찬 것, 높은 것과 낮은 것 같은 반대되는 것들의 존재를 수반하는 것처럼, 정신 에너지도 반대되는 것들의 작용을 수반한다고 나는 믿는다.

프로이트는 처음에는 성욕을 정신의 유일한 추진력으로 받아들이다가, 나와의 결별이 있은 다음에야 다른 정신 활동에도 성욕과 똑같은 지위를 부여하게 되었다. 나의 경우에는 충동만을 다루는 심리학의 독단을 피하기 위해 에너지라는 개념에 다양한 정신적 동력이나 힘들을 포함시켰다. 그래서 나는 개별적인 충동이나 힘들에 대해 이야기하지 않고 에너지에 대해 이야기한다.

그렇다고 나 자신이 정신적 삶에서 성욕이 중요하다는 점을 부정한다는 뜻은 아니다. 프로이트는 내가 성욕의 중요성을 부정하고 있다고 줄기차게 주장하고 있지만, 실상은 그렇지 않다. 내가 추구하고 있는 것은 인간의 심리에 관한 모든 논의를 오염시키는 경향이 있는 성(性)이라는 사나운 용어의 쓰임새에 제한을 두는 것이다. 나는 성욕을 제자리에 놓기를 원한다.

상식은 언제나 성욕이란 것은 삶의 여러 본능 중 하나에 지나지 않는다는 사실로 되돌아갈 것이다. 물론 성욕이 매우 중요하고 그 영향력이 광범위한 것은 사실이지만, 그럼에도 성욕은 심리생리적 기능들 중 하나에 지나지 않는다.

틀림없이, 오늘날 섹스의 심리적 영역에 두드러진 장애가 있는 것 같다. 치통을 앓을 때 온 정신이 치통으로만 이뤄진 것처럼 보이는 것과 똑같다. 프로이트가 묘사하는 성욕은 틀림없이 환자가 잘못된 태도나 상황에서 빠져나와야 할 시점을 맞을 때마다 나타나는 성적 망상이다. 그것은 댐 같은 것 뒤에 축적된, 과도하게 강조된 성욕이다. 발달의 길이 열리기만 하면, 성욕은 정상적인 수준으로 작아진다. 성욕은 부모와 친척에 대한 해묵은 분개 안에, 그리고 가족 상황의 감정적 얽힘 안에 갇혀 있다. 이런 경우에 생명 에너지가 억눌리는 현상이 자주 나타난다. "유아적"이라고 불리는 그런 성욕에 반드시 나타나는 것이 이 같은 장애이다. 그것은 엄격히 말하면 성욕이 아니고 삶의 또 다른 영역에 속하는 긴장의 부자연스런 방전이다. 사정이 이러한데, 홍수가 나서 난리인 곳에서 조용히 노를 저으며 나아가려 해봐야 무슨 소용이 있겠는가?

분명히 말하지만, 진솔한 마음으로 사고를 한다면 배수로를 활짝 여는 것이 더 중요하다는 점을 인정하게 될 것이다. 말하자면, 갇혀 있는 에너지가 요구하는 전위의 차이를 태도 변화나 새로운 삶의 방식에서 발견하려고 노력해야 한다는 뜻이다. 만약에 이것이 성취되지 않으면, 악순환의 고리가 형성될 것이다. 프로이트의 심리학이 하고 있는 것이 바로 이런 식인 것 같다.

프로이트의 심리학은 생물학적 사건들의 냉혹한 순환 그 너머까지 나아갈 길을 전혀 제시하지 않는다. 이 같은 절망이 사람들로 하여금 성 바오로와 함께 "나는 참으로 비참한 사람입니다. 누가 나를 이 죽음의 몸에서 구원해 내겠습니까?"[32]라고 외치게 만들 것이다. 그러면 우리 안에 있는 정신적인 사람이 앞으로 나서면서 고개를 가로저으며 파우스트의 표현을 빌려 이렇게 말할 것이다. "당신은 오직 한 가지 충동밖에 모르는군." 말하자면, 뒤로는 아버지와 어머니에게로, 앞으로는 우리의 육신에서 나올 아이들에게로 이어지는 육체적인 끈밖에, 과거와의 "근친상간"과 미래와의 "근친상간"을, "가족 로맨스"의 영속화라는 원죄밖에 모른다는 뜻이다.

....
32 '로마서' 7장 24절

육체적인 끈과 상반된 삶의 충동인 정신이 아니고는 우리를 이 끈으로부터 자유롭게 만들 수 있는 것은 어디에도 없다. 자유를 아는 것은 육신의 자식들이 아니고 "신의 자식들"이다. 에른스트 바를라흐(Ernst Barlach: 1870-1938)가 가족의 삶을 그린 비극 '죽은 날'(Der Tote Tag)을 보면, 엄마 귀신이 마지막에 이렇게 말한다. "참으로 이상한 것은 사람들이 신이 자기 아버지라는 것을 배우려 하지 않는 거야." 프로이트도 절대로 그걸 배우려 하지 않을 것이며, 프로이트의 견해를 공유하는 사람들도 모두 그걸 배우지 않을 것이다. 그들은 이 지식을 얻는 열쇠를 절대로 발견하지 못할 것이다.

신학은 그 열쇠를 찾으려는 사람들을 돕지 않는다. 왜냐하면 신학은 신앙을 요구하고, 신앙은 만들어질 수 있는 것이 아니기 때문이다. 진정한 의미에서 보면, 신앙은 은총의 선물이다. 우리 현대인은 정신적 삶을 재발견할 필요가 있다. 우리는 자신을 위해서 정신적 삶을 새롭게 경험해야 한다. 정신적 삶을 다시 발견하는 것이 우리를 생물학적 사건들의 사슬에 묶어놓고 있는 마법을 푸는 유일한 길이다.

정신적 삶의 재발견에 대한 나의 입장이 프로이트의 견해와 나의 견해에 나타나는 세 번째 중요한 차이이다. 그것 때문에 나는 신비주의라는 비판을 듣고 있다. 그러나 나는 인간이 언제 어디서나 자발적으로 종교적 형태의 표현을 발전시켰고 또 인간 심리에 아주 오래 전부터 종교적 감정과 관념이 깊이 스며들었다는 사실을 굳이 강조하지 않는다. 인간의 정신에서 이 같은 측면을 보지 못하는 사람은 누구나 맹인이나 다름없으며, 이 측면을 설명하거나 밝혀서 지워버리려고 노력하는 사람은 누구나 현실감이 떨어지는 사람이다. 아니면 프로이트 학파의 창설자뿐만 아니라 그 추종자들에게도 나타나는 아버지 콤플렉스에서 그런 가족 상황의 재난으로부터 자유로울 수 있는 증거를 찾아야 하는 것인가? 과도하게 옹호되고 있는 이 아버지 콤플렉스는 그릇 이해된 신앙심을 덮고 있는 구실이며 또한 생물학과 가족 관계의 용어로 표현한 신비주의에 불과하다.

프로이트의 "초(超)자아"에 대해 말하자면, 그것은 여호와의 이미지에 은밀히 심리학 이론이라는 옷을 입히려는 시도이다. 사람이 그런 시도를 할 때에는 차라리 솔직하게 털어놓는 것이 바람직하다. 나에 대해 말하자면, 나는 모든 것을 원래부터 알려져 있던 이름 그대로 부르는 쪽을 선호한다.

역사의 바퀴를 거꾸로 돌려서는 안 된다. 또 원시인의 성인식 의식에서 시작된, 정신적 삶을 향한 인간의 전진이 부정되어서도 안 된다.

과학이 탐구 영역을 쪼개고 제한적인 가설을 세우는 것은 충분히 허용된다. 과학은 그런 방향으로 작업을 해야 하기 때문이다. 그러나 인간의 정신을 여러 개로 쪼개어 없애려 들어서는 안 된다. 인간의 정신은 의식을 포함하는 하나의 전체이고 또 의식의 어머니이다. 과학적 사고는 정신의 여러 기능 중 하나에 불과하며 따라서 생명의 가능성을 전부 다 규명하지는 못한다.

정신과의사는 자신의 시야가 병리학의 안경에 의해 흐려지지 않도록 조심해야 한다. 정신과의사는 아픈 마음이 인간의 마음이며, 아픈 마음도 온갖 고통에도 불구하고 인간의 정신적 삶의 일부를 이루고 있다는 점을 절대로 망각해서는 안 된다. 정신과의사는 심지어 에고가 병에 걸리는 이유는 그것이 전체 정신으로부터 단절되어 있어서 정신과의 연결뿐만 아니라 인류와의 연결까지 상실했기 때문이라는 점을 인정할 줄 알아야 한다. 프로이트가 『에고와 이드』(Das Ich und das Es)에서 말하듯이, 자아는 정말로 "공포들의 장소"

이지만 그것이 그 "아버지"와 "어머니"로 돌아가지 않는 한에서만 그렇다. 프로이트는 성경 속 유대인 니고데모의 다음과 같은 물음 앞에서 무너지고 만다. "사람이 늙어서 어떻게 태어났을 수 있습니까? 사람이 두 번째로 어머니의 자궁으로 들어갔다가 다시 태어날 수 있습니까?"[33] 바로 여기서 역사가 되풀이되고 있다. 사소한 것들과 위대한 것을 비교하자면, 오늘날 이 물음이 다시 한 번 현대 심리학의 내부 싸움에서 전면으로 부상하고 있기 때문이다.

수천 년 동안 성인식은 영적 재탄생을 가르쳐왔다. 그럼에도 정말 이상하게도, 사람은 신성한 탄생의 의미를 거듭 망각한다. 이것은 정신이 강하다는 점을 뒷받침하는 증거로는 형편없는 것임에도 불구하고, 그 오해에 따르는 대가는 혹독하다. 신경쇠약과 격분, 정신의 불모 등이 그 대가인 것이다. 정신을 문밖으로 쫓아내기는 아주 쉽다. 그러나 그런 식으로 정신을 박대할 때, 생명의 생기가 우리에게서 빠져나갈 것이다. 당연히 생명의 향기도 사라질 것이다. 고대 성인식의 핵심적인 가르침이 세대를 이어 전해지고 있다는 사실에서, 우리는 다행히도 정신이 언제나 힘을 새롭게 충전한다는 증거

----

33 '요한복음' 3장 4절.

를 보고 있다. 이따금, 신이 인간의 아버지라는 것이 의미하는 바를 제대로 이해하는 사람이 나타난다. 육체와 정신의 균형이 불가능하지 않다는 뜻이다.

프로이트와 나의 대조는 각자의 기본적인 가정들에 나타나는 근본적인 차이로까지 거슬러 올라간다. 가정은 피할 수 없는 것이다. 그렇기 때문에 우리가 전혀 가정을 하지 않는 것처럼 행동하는 것은 옳지 않다. 내가 이 에세이에서 근본적인 문제들을 다룬 이유도 바로 거기에 있다. 이런 문제들을 출발점으로 삼아야만, 프로이트의 견해와 나의 견해 사이의 세세한 차이가 보다 쉽게 이해될 것이기 때문이다.